U0909384

广西民族风情典录丛书

仫佬族民俗风情

主编◆于 琛

副主编◆向润华 王光荣

过伟 著

广西民族出版社

广西壮族自治区西北部，有一条百里长廊。长廊的两边，峰峦险峭俊秀，丘陵延绵逶迤。在这条长廊上，世代居住着百越民族的一个分支——仫佬族。仫佬族约有九万人，其中百分之八十集居在这条长廊上的东门、四把、黄金、龙岸、天河、小长安等地，少数散居在忻城、宜州、柳城、都安、环江、河池、融水、融安等地。人们把这条长廊称为“仫佬山乡”。这里山如剑排，水似汤沸。

山乡的中部，东门、四把一带，是仫佬族居住最集中的地方。这里不仅有丰富的煤炭资源和各种土特产品，还有蔚为壮观的“罗城八景”，使人流连忘返。山乡西部的天河、怀群，风光旖旎，素有“小桂林”之称。古镇天河，依山傍水，长桥飞架两岸，竹排只只，鹭鸶对对，好似桃花源里的人家。怀群一带，更是另有一番风情，小河剑江九曲回肠般在群峰夹峙中流淌，一座座竹桥浮渡，古朴有趣。山乡的东北部，黄金、龙岸一带，地形开阔，土质肥沃，是桂西北有名的鱼米之乡，素有“要吃白饭，黄金龙岸”的俗语流传在宜州、罗城一带，与“要穿好衣，洛东洛西（在宜州市境）”并称。山乡的北部，在宝坛的崇山峻岭中，有浩瀚的森林、丰富的矿藏和各种珍禽异兽。

仫佬山乡为什么这样美丽，这样富饶？人们给她抹上一层神奇的色彩，传说这里是“凤凰的故乡”。这个说法来源于以下的传说：

其一是杨小妹口述，潘琦、包玉堂采录的《凤凰山与鬼龙潭》。

很久以前，仫佬山里有一口泉，一只美丽的金凤凰天天到泉里吸水灌田。离泉水不远的山上住着一条恶龙。一年夏天，山洪暴发，黑龙趁机钻到泉水里，堵住泉眼，水断流了，金凤凰吸不上水，禾苗枯死。黑龙霸着泉水，致使田地荒了。又是一年大旱，人们跪破双膝求雨，也打不动黑龙的黑心。金凤凰化成姑娘来和大家商量降服黑龙的办法。她从头上拔下两根羽毛，化作两把利剑，跃进深潭。黑龙与凤凰姑娘进行你死我活的搏斗。凤凰姑娘因水性不好，被黑龙咬伤。正当生命垂危时，她使劲力气，一刀斩断黑龙的尾巴。枯竭的泉水又奔流出来了。凤凰姑娘顺水跳出水潭，在泉边化为一座青青的山峰，守护泉水。人们就把这座山叫“凤凰山”，把黑龙曾经睡踞的深潭叫“鬼龙潭”。

其二是潘金雪搜集的《凤凰山的传说》。

很久以前，罗城西门河畔住着一位石大爷。他早年丧妻，丢下一个儿子。石大爷辛辛苦苦到西门河打鱼，拿鱼到圩上卖，换粮食糊口。日子久了，身体逐渐虚弱。儿媳是个刁蛮的懒婆娘，看到石大爷身体不行了，整天指桑骂槐，常常没事找事，一会儿嫌石大爷打的鱼少了，一会儿又说石大爷吃得多了。一次石大爷打到的鱼特别少，圩上的粮食涨价，能换回的粮食就更少了。儿媳偷偷把一半米饭藏起来，只留一半给大家吃。她先盛了半碗捧到石大爷面前，说：“今天的饭特别少，你先吃吧！”石大爷心里明白了八九分，气得手都发抖，望那半碗饭，只恨自己养了这么个不孝顺的儿子，娶了这么个不孝顺的儿媳。后来，儿媳得寸进尺，闹分家把石大爷分出去。石大爷只好搬到一间破茅棚里，孤孤单单，常常吃了上顿没下顿。这事被一只金凤凰知道了，一天晚

上，她变成仫佬族姑娘，手挎的小篮里装着几条大鲤鱼。石大爷问："你是谁家姑娘，到这里来干什么？"姑娘说："我家就在河那边。看见您这么大年纪还天天去打鱼，我娘叫我给您送几条鱼来。"从此，金凤凰天天给石大爷送鱼来。这事让儿媳知道了，就和丈夫到破茅棚跟石大爷说："听说你打到的鱼很大，是吗？"石大爷起初还以为他们回心转意，没想到原来是为了鱼来的。看着他们比哭还难看的强装的笑脸，气得话都说不出来。这天晚上，金凤凰又给石大爷送鱼来。石大爷对她说："今天我那狠心的儿媳来问起鱼的事了，她什

仫佬族摘金银花　李　桐　摄

么事都干得出来，你就别来了。”金凤凰说：“您别担心，他们夫妇俩会得到应有的下场。”说完，走出茅棚，金光一闪，变成金凤凰展翅飞走了。这全被躲在茅屋后的儿媳看见了。儿媳回到家里，想出一条毒计。第二天，太阳刚下山，夫妇俩悄悄躲到茅屋旁，挨到天黑。见金凤凰飞来了，飞到石大爷茅屋前，变成美丽姑娘，手挎小竹篮，里面装着几条大鲤鱼。夫妇俩急忙冲出来，向姑娘猛扑过去，紧紧抓住她的双脚。姑娘一惊，立刻变成凤凰飞了起来。夫妇俩被吊在空中，双手死死抓住金凤凰，急得在空中大喊大叫。金凤凰飞到西门河上空盘旋几周后，用力一甩，把这对狼心狗肺的夫妇扔到河里喂鱼去了。这时，金凤凰也用尽了力气，返回时飞得很缓慢，刚飞到西门河岸边，就再也飞不动了，从空中落了下来，化成一座美丽高大的凤凰山。如今山上树木茂盛，据说，这都是当年金凤凰的金羽毛化成的。

从这些传说看，仫佬人对凤凰具有深深的感情。仫佬族作家龙殿宝和常剑钧，称罗城仫佬族自治县为——“凤凰的故乡”。

仫佬族

目录

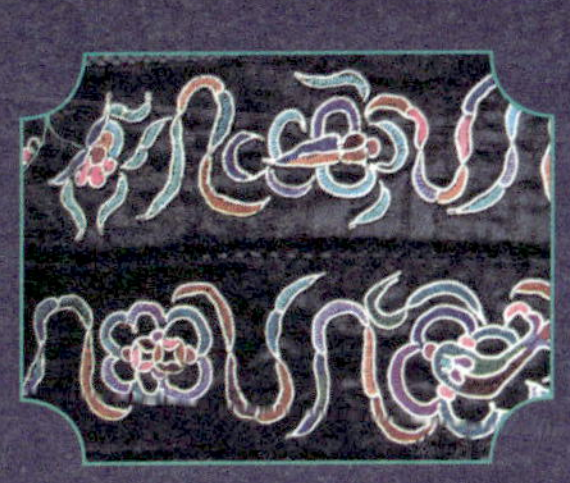

- 1.白馍、水圆和五色糯饭
- 2.可口的白炠肉和鸭酱
- 3.狗舌糍粑、枕头粽和斗糍粑
- 4.碱粽
- 5.重阳美酒
- 6.酸品与酸坛

第一章 瑰丽的生活画面

1. 白馍、水圆和五色糯饭

白馍是糯米制品。其做法是：先把糯米蒸熟，放在石臼里捣烂，然后捏成拳头大的团子。吃时可用火烤，香甜爽口，也可以用糖水煮食。

水圆也是糯米制品。其做法是：先将糯米用水浸泡，待其发胀之后便用碓舂或石磨磨成浆粉，滤掉水分，再搓成团。可包入糖馅制成甜水圆，也可包入肉菜馅做成咸水圆。吃时放入水中煮熟即可食用。

五色糯饭是一种风味食品。其做法是先用红、黄、紫、黑四种颜色把泡好的糯米分别染色，以及不染色的白糯米放入蒸笼里蒸熟，便成为色美味好的五色糯饭了，常常作为节日食品，深受仫佬人的喜爱。染料取自植物花朵的天然汁液，因而五色糯饭无毒无污染无副作用，除有特殊的香味外，还具有防病祛邪、治疗腰酸骨痛的功效。红、紫染料用红蓝叶汁，黄染料用黄木花汁，黑染料用枫树叶汁，不染色的糯米为白色。

五色糯米饭　李　桐　摄

2. 可口的白炖肉和鸭酱

白炖肉是仫佬山乡的一种风味食品。其做法是：将整块的猪肉或整个的鸡鸭（去毛和去内脏）放入水中煮熟，肉熟后取出切成小块，然后配以调味汁食用。白炖肉很讲究火候，八成熟时就捞离煮锅。因而每当切开肉时往往近骨处还夹着血丝，这样烹调出来的肉鲜嫩味美。

鸭酱是仫佬山乡味美色鲜的调味佳品，杀鸭时留下鸭血（不凝固），配上自家酸坛内的酸水，用筷子拌匀，以血液颜色变成略为乌黑为适度，然后加入少许食盐和姜末。有的不煮，认为这样保留“血鲜”；大多略煮一下，一滚即得。用鸭酱调味而吃白炖鸭，美味无比。

3. 狗舌糍粑、枕头粽和斗糍粑

八月十五月正圆，
狗舌糍粑香又甜，
爱情好比芝麻样，
节节开花节节连。

农历的八月十五和八月社日（秋分前后），仫佬人家家都忙着包狗舌糍粑，又名桐叶糍粑，用它来赠送亲戚朋友，或社日祭社王。

狗舌糍粑扁长柔软，形似狗舌，其名由此得来。它松软可口，味道甜美，再撒上香香的芝麻糖粉，那更令人回味无穷。它还有特殊的意义呢，要不然山歌怎么将它与爱情唱在一起呢！原来农历八月十五和八月社日，正是仫佬族青年男女“走坡”时节。坡场上青年男女唱罢山歌后，便围坐一起相互交换各自带来的狗舌糍粑，意味着爱情像芝麻糖那样甜蜜。

狗舌糍粑的做法是：将糯米用水浸泡一定时间后，用磨磨成米浆，然后将米浆盛入布袋内，吊起，让水滤干成为“糯米泥”；再把芝麻舂碎成粉，将桐叶用温水洗净、弄软，把用来捆绑的禾秆草泡软、洗净；包糍粑的时候，根据各人的口味，食咸者就在糯米泥里加盐，食甜者加糖，然后把桐叶放在手掌上，抹上一层油，撒上一层芝麻粉，放上适量的糯米泥，再撒上一层芝麻粉，最后用桐叶紧紧包住糯米泥，并用禾秆草绑紧，放入水锅里煮熟，捞起来晾干后即可食用。

其由来也有一个民间故事：

相传在很久很久以前，不晓得老天爷是发哪门子脾气，限定仫佬人的祖先十天之内开垦完十五峒的荒坡野地，不然的话就要降下灾难。忠厚老实的仫佬先民日日夜夜都在拼命挥汗开荒，肚子饿了就摘下宽宽的桐叶包一包米饭席地坐食，实在困得动不了时就在地上稍稍躺一躺。他们的艰辛勤劳感动了社王爷，他邀集一帮山神来帮助他们如期开垦完荒地，避免了一场灾难。为了感谢社王爷的恩德，每逢八月社日，家家户户用桐叶包狗舌糍粑祭社王爷。

逢年过节，仫佬山乡家家户户包枕头粽欢度佳节。传说枕头粽是一群砍柴的壮家儿童教给牧牛的仫佬儿童的。枕头粽每只有五六斤重，往往是一家人共吃一个就够了。其做法是：先把糯米浸泡几个小时，捞出晾干后放些碱水拌匀，然后把粽叶背面一层一层地摊开约一尺宽，放上糯米到一定高度再加叶子围边，叠上一层叶子，铺放一层米，像围谷子一样。最后用绳子绑紧系牢，放进锅里煮一个昼夜。包枕头粽的季节在农历二月社日（即春分前后）。姑娘结婚以后，有了小孩，于社日前两三天回娘家，过完社日后转回婆家时，娘家就要包枕头粽相送。如果姑娘新婚第一次到夫家过社日，婆家也必须包枕头粽送给亲家。

春节期间，仫佬山乡家家都用糯米饭舂制斗糍粑。其原料是熟糯米饭，趁热放进臼里舂溶，然后捏成一个一个碗口般大小的白馍，然后在面上盖五颜六色的花纹图案。每逢农历大年三十晚上，家家户户的青壮年男子便摆开架式，高举“丁”字形的榔锤，一上一下把糯米饭舂溶，一臼糯米饭舂溶后，青年妇女便取出来做成馍饼，先放在鸡蛋黄或茶油抹过的大簸箩里，然后移到芭蕉叶上晾干，印盖上花纹图案。

斗糍粑在仫佬山乡还是送礼的佳品。新婚夫妇回娘家拜年，农历年初五新郎新娘回婆家时，同村姐妹就用“走亲小箩”盛上斗糍粑，一担一挑地陪送新郎新娘到婆婆家。吃满月酒时，也必须送斗糍粑。

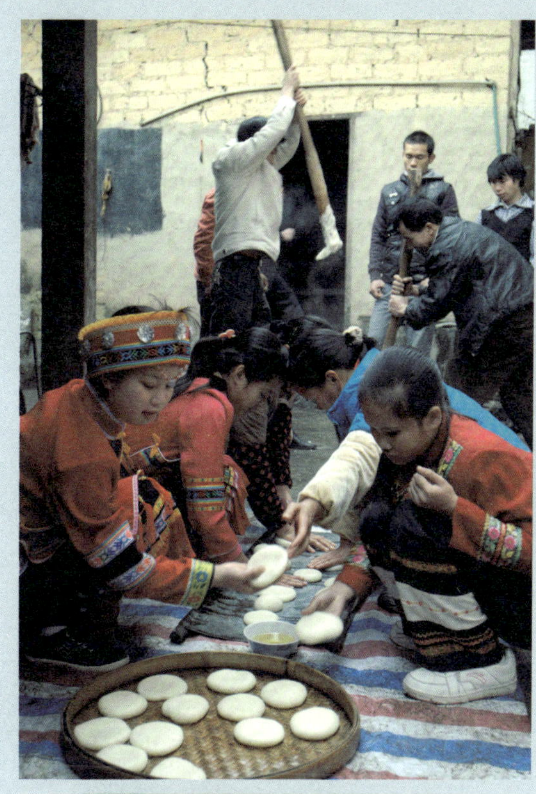

仫佬人在做白糍粑　韦龙德　摄

4. 碱粽

农历六月初二、初六，仫佬人喜包碱粽。把平常烧黄荆柴留下的灰收集起来，用清水过滤就成了碱水，用碱水浸泡糯米。还要从岭上割回宽约两个手指的黄茅草，用清水洗净，然后把用碱水泡好的糯米包成粽子，煮熟，就成了碱粽，也叫黄茅粽。根据黄茅草的特点，这样的粽子包裹的形状跟普通的粽子不同，通常是底大顶小，上圆下方，粽子在颈部用禾秆草芯勒紧。由于黄茅草较窄，包裹起来有一定难度，它的优点是透气性好，加上糯米经碱水泡过，粽子的保质期自然就可以延长。解开粽子，色泽金黄略带红，如玉般精致，非常美丽，还有一股山野的黄茅草的香味。一口咬下，香甜爽口，真不愧为清暑佳品。如果再裹一层芝麻糖粉，那味道真是美不可言！

仫佬族凉粽　李　桐　摄

5. 重阳美酒

如果你到仫佬山乡做客，热心的主人会盛情款待你，在他那窖藏多年的酒坛里，倒出了醇香扑鼻的重阳酒，还倒出一个像重阳酒那样芳香浓烈的动人故事：

不知是哪一年了，在一个仫佬寨子里有一对相依为命的夫妻。虽然他们早出晚归，一年累到头，非常辛苦，但收成都被狠心的寨佬霸占去了，日子还是过得很艰难。

有一年重阳节，有钱的人家杀鸡宰鹅，酿酒磨豆腐，准备热热闹闹庆贺一番。夫妻俩坛里无酒，笼里无鸡，缸中只剩下半筒米，只好煮了三碗稀稀的粥，夫妻俩各吃一碗，还剩下一碗。正在你推我让谁也不肯吃的时候，门外传来了敲门声。他们开门一看，门外站着一个白发苍苍、衣衫破烂的老人。夫妻俩问道："老人家，您有什么事呀？"老人说："主人家，我走远路经过这里，身无分文，已经三天都没吃上东西了。好心的人啊，你们能给点东西给我吃吗？"夫妻俩赶忙把这个老人请进屋里坐下，端出剩下的那碗稀粥给老人吃。妻子说：“老人家呀，实在对不起您，今天是重阳节，我们没有好酒好菜招待您，家里就有这一碗稀粥了，如不嫌弃，您就吃吧！”丈夫也说：“老人家，您一定很饿了，快吃吧！”

那老人也不客气，三口两口就把那碗粥吃完了。老人临走的时候，对夫妻俩说：“为了报答你们的好心，我教给你们一种酿酒的方法吧。以后每年今天，你们到村边泉里去挑水回来，煮饭熬酒。这种酒可作为藏酒，用来招待客人，一定会使所有的客人满意的。要记住，这种酒是不能卖的啊！”夫妻俩点头答应之后，那老人就忽然不见了。原来他是天上的酒仙，专门到人间来品尝各种名酒的。

第二年的重阳节又到了，他们记起了老人的话，就到村边的泉里挑水回来，煮饭熬酒。

说也奇怪，平时人们熬的酒如果不喝，留不了多久就变酸。而他们夫妻俩熬出来的酒，却越久越香醇，越久酒的度数越高。打开酒坛，整间屋子都是扑鼻的酒香，喝上一杯，半天之后还是余香满口。夫妻俩高兴极了，他们把酿重阳酒的方法告诉了众乡亲。从此，家家户户都有美酒款待嘉宾了。

这事传到了寨佬耳里后，他开始打重阳酒的主意了。一到重阳节，他就派出很多家丁，把附近的泉水都霸占起来，雇人从早到晚挑个不停，恨不得把所有的泉水都挑干才罢休，而乡亲们想要舀一瓢水来煮饭都不行。

寨佬开锅熬酒，他用了四十九个大铁锅煮饭，用八十一个大酒坛装酒。酒熬好之后，寨佬立即派人抬到街上去卖，他打着“仙人传授重阳美酒”的招牌，用高出一般酒十倍的价钱出售，把乡亲们坑害得可苦了，大家恨透了贪婪的寨佬。

为巴结县官，寨佬叫人抬了两大坛酒，他亲自押送到了县衙门。在大堂之上，寨佬一副令人作呕的奴才相，滔滔不绝地向县官讲了重阳酒的来历，然后从坛里舀了一碗酒送到县官手里，请县官品尝。嗜酒如命的县官，听说酒有这样好，早就等不及了，一见酒到手上，不管三七二十一，“咕咚”一声，一滴不漏地倒进了他的大喉咙里。紧接着天旋地转，只听得“哇”的一声，县官像吃了狗屎一样，把黄胆都呕出来了。这哪是什么重阳美酒，简直比马尿还难闻，比潲水还难喝。原来寨佬的家丁错抬了两坛变了质的酸醋到堂上给县官尝。

气得半死的县官把惊堂木“叭”地一拍：“狗东西，你竟敢戏弄本官，来人，把这家伙给我拉出去斩了！”不等寨佬叩头叫饶命，衙役们已经像拉死猪一样，把他拉下去砍了脑袋。

县官杀寨佬的事传遍了山乡，人人拍手称快。

从此，每到重阳，仫佬山乡村村寨寨都要酿重阳酒，并把它窖存起来，只有在款待贵客和山村的各种盛典时才饮用。

6. 酸品与酸坛

酸品是仫佬人家的常菜，民间称为“酸”，分为干坛酸品和水坛酸品两种。酸坛是用来腌制酸品的器具，分为干坛和水坛两种。

水坛用来腌制水坛酸菜。其腌制方法为：将新鲜蔬菜洗净，晾至半干；把用糯米饭制成的甜酒放入酸坛（或直接放入，或煮开后放入），加入适量晾冷的盐开水和辣椒，然后把晾半干的蔬菜放入酸坛中，数天后便成清爽脆口的酸品了。

干坛用来腌制干坛酸菜。其作法是：将新鲜蔬菜切碎晒晾半干后，用食盐搓搅均匀，然后放进坛子里，分为若干层，每一层放些五香粉、辣椒粉、甜酒曲，然后将坛子密封好，一个多月后即可食用。腌制出来的酸菜色泽鲜黄，味道甘美，酸、甜、辣、咸四味俱全。

酸品是仫佬人家常菜，几乎每早吃饭时都要有一大碗酸品，即便是逢年过节，大鱼大肉，酒席上也少不了一海碗的酸品。怪不得外地客人进了仫佬人家，都对那一排排的酸坛表示惊讶。说到有些仫佬人的家的酸坛，还有这么一个十分有趣的故事哩！

传说在过去，有一位汉家姑娘嫁到仫佬山乡来。一天，家婆上山割草，让她在家里煮饭。她把饭锅在煤炉上一架，便进房间量米煮饭。一长排坛子放在墙根，她以为是盛米的，于是，便将坛揭开。可是，第一坛是酸芋叶，第二坛是酸藠头，第三坛是酸蒜苗，第四坛是酸木瓜，第五坛是酸刀豆，第六坛是酸姜，第七坛是酸辣椒……米还没有找到，家婆就已经割完草回来了。

◆仫佬人的“冬”

第二章 独特的社会组织

仫佬人的“冬”

仫佬族社会中，各个姓氏都有几个“冬”。他们按“冬”确定亲疏，同一个“冬”的，血缘上比较亲近，一般是共一个先祖，而一个姓氏中每一个“冬”的最前辈，可能是一个家的几兄弟，来自同一个地方。也可能是不相干的同姓人因为某种特殊因缘聚居一处，他们的先祖分别来自不同的地方。每个“冬”都有自己的“冬祠”。每个“冬”都有“冬头”和首事。“冬头”和首事是宗族中比较有威信、德高望重的人。他们有知识，有较强的组织能力，可以召集同“冬”的族人开会，商量族内大事。同一村中，“冬”与“冬”之间，分片居住，中间有巷道隔开。包括他们的耕地、草岭、土坡、池塘，都有明确的界限。“冬”除了具有宗族性特点，还具有明显的地域性特点。有些“冬”发展壮大了，分迁至外地另外成立新屯，也是一姓一“冬”聚集一屯，并且承接原来的“冬”，不会另立新“冬”，宗族的纽带连得很紧，凝聚力相当强。他们守秩序、尚平等、重团结，村中有事，比如土匪劫村，各“冬”联合起来一致抵御。比较大的姓氏，几个“冬”还联合建有宗祠。“冬”之下有

“房”，“房”内血缘更加亲近，“房”下面才是一个个家庭的个体。这就是仫佬族社会的特殊形态。现在的仫佬族，还有哪些“冬”呢？

吴姓有“二冬”、“三冬”、“五冬”、“六冬”、“十冬”。银姓有“四冬”、“五冬”、“八冬”。谢姓有“四冬”、“六冬”、“八冬”。罗姓有“三冬”、“六冬”。潘姓有“五冬”、“六冬”、“七冬”。以上诸姓，都是仫佬族的大姓。仫佬族人没有调整“冬”的习惯，有些“冬”不见了，余下的“冬”也不会重新排序。

“冬”是包括若干个具有血缘关系的家庭组成的社会基层组织，若干个同姓的“冬”构成一个以血缘为纽带的“宗”，在“宗”之上又有管辖几个村寨若干“宗”的以地缘为纽带的“社”。

仫佬族大姓几乎每个“冬”都建有“冬祠”，一些大姓还联合建“宗祠”。至今尚存的银姓“五冬”祠堂，三开间，三进，加左右两厢，建筑面积约三百平方米。潘氏宗祠，五大开间，二层，三进，建筑面积约七百平方米，规模相当大，前二进作议事、集会、居室之用，后进置神台，台正中设祖先牌位。

“冬祠”与“宗祠”都设有首事集团。“冬祠”的首事称为“冬头”或“族长”，是本宗支的自然领袖，由群众推举办事公道、有威望、有能力的长者担任，无固定报酬。“冬祠”举行的大聚会，称为“会款”，由首事们主持，“会款”日期由首事们协商决定。“会款”之日，全“冬”的成年男子集中祠堂，商议“冬”内大事，同时集资杀猪、杀鸡、宰鸭，办酒菜，祭祖先，而后会宴。宗祠的首事集团由各“冬”族长组成，集会一般不定期，只在需要调解“冬”与“冬”之间的纠纷，商议涉及整个大氏族的重大事务时才举行。

◆1.仫佬“达年”

◆2.二月春社

◆3.向婆王求朵花

◆4.载欢载笑牛诞节

◆5.端午祭真武

◆6.驱虫保苗节

◆7.哪个青年不“走坡”

◆8.重阳酒里熏酿的重阳节

◆9.依饭节

◆10.安龙节

第三章 缤纷的岁时节庆

1. 仫佬“达年”

仫佬族一年四季几乎月月有节。

正月节，亦名春节，仫佬话称为“达年”。起源于夏代，原为汉族先民的传统节日，秦汉以后传入岭南，后来逐渐发展成为壮侗语系诸民族的共同节日。

仫佬族过春节，相当隆重，从上年的农历腊月三十晚（除夕）到新一年的农历正月十五“完年”（元宵）止，每天都有活动。

舞草龙是年三十晚就开始的。吃过晚饭，仫佬山乡各村寨的男青年敲锣打鼓，舞草龙游村。草龙经过各家门口，主家点燃一炷香插在草龙身上。游完全村，草龙变成一条“火龙”。这时，草龙回到村中空旷场地，来回舞动。在漆黑的夜空里，火星点点，上下翻飞，别有情趣。舞草龙有个故事：很久以前，仫佬人把龙作为禳灾祛难的吉祥物。传说龙有翻江倒海、腾云驾雾、呼风唤雨的本领。人们最初害怕它，后来崇敬它，每年新春来临，象征性地制作布龙来舞，以求风调雨顺、五谷丰登。但布龙经不起鞭炮烧，耗费也大。一百多年前，有个仫佬村的年轻小伙子，首先发明用禾秆草编成龙，形状与布龙一样，一头翘起编龙头，另一头分成三叉编成龙尾，中间编六节、九节或十二节龙身，用草绳或草裙把它们连成一体；另外单独编一个形似面盆大小的龙宝，再扎上五色彩纸即成，既省工又省钱。春节期间大家敲锣打鼓舞草龙游村，挨家挨户去拜年。人们看了感到十分新奇。舞到最后一夜，家家放鞭炮烧龙，以示祝贺。因炮烧多了，草龙也就烧掉了。凑巧，当年风调雨顺，农作物大丰收。人们认为这是烧掉了的草龙化成了海龙王，给仫佬人带来庇佑。以后，仫佬人年年舞草龙，从除夕舞到正月十五，舞完后，照例拿到河边烧掉，让它化成海龙王，庇佑仫佬人平安、幸福、五谷丰收。从此世世代代，流传至今。

除夕，仫佬人也有“守岁迎春”的习惯，吃过晚餐后，全家老幼洗刷干净，围坐在地炉边，聆听老一辈讲述春节的由来、活动、禁忌等知识，烧香点烛，供茶供果，静候“新春老人”的到来。当雄鸡齐鸣，新春来临，主妇们即刻点起火把或灯笼，燃着一炷香，挑上一对木桶，向水井、河边、泉水走去，争取第一个“挑新水”。新年“挑新水”一星星香火，一串串火把，闪烁着，游动着，在夜色里形成一幅美丽的夜景图。主妇们到达水边，先插上一炷香，将几个硬币抛入水中，口中喃着吉利的话语，舀水挑回家。这时，原来“守岁迎春”的家人，立刻每人舀一碗“新水”喝，而后睡觉。据说“新水”具有神奇的功效，人喝了人兴旺，牛喝了牛健壮，猪喝了猪膘肥，马喝了马蹄忙，用来染布布光亮，用来煮饭饭甜香，用来熬酒酒浓烈，用来淋菜菜快长，反映了人们对美好生活的追求。

年初一早上吃甜汤圆，表示一年到头生活美满、甜蜜、幸福、快乐。吃罢早餐，人们开始走村串寨，互相拜年。拜年时，按不同的对象讲不同的吉祥话。这些吉利话，是人们心里的美好憧憬。

仫佬族过春节有一种比较特殊的节日食品，即家家户户都做斗糍粑。富有之家做斗糍粑的糯米达一两百斤，一般中下水平之家也达二三十斤。每到年三十晚或年初一、初二，各家各户的青壮年男子主动互相帮助，把蒸熟的糯米饭，用舂碓舂溶，再捏成一个个似小碗口大的糍粑，盖上红色的圆印，放到通风的地方晾干。仫佬人在做糍粑吃时放到锅里煎软或放在火炉上烤软即可，吃起来香脆可口。上山放牧或是去田间劳动，戴上几个即能当一顿饭，简单方便，十分受人青睐。年初二新郎新娘回娘家拜年，非挑上一两担小箩筐的斗糍粑作为礼品不可；新人回婆家时，娘家也同样以此礼品相送。他们说，这样做是祝愿年轻夫妻相亲相爱，百年偕老。

新年挑“新水”　谢盛钜　摄

春节期间，青年男女还有传统的“走坡”活动习俗。他们去到依山傍水、草木葱茏的山坡，进行社交活动，互相对歌，以歌传情，寻觅知音，选择如意对象。在坡场上，男女成双结队。男方看中对象后，先摇手帕，吹口哨，唱“邀请歌”，如果女方接唱了，才形成对唱，接着就是唱“相逢歌”、“问情歌”、“赞美歌”、“求情歌”，分离时唱“难离歌”、“约会歌”等，有些人还交换一些信物。经过几次“走坡”相会之后，双方感情深了，即可结对成双，细声细语地谈心，如果没有什么变故，便可通过媒人牵线，说通双方家长，取得同意后，结成终身伴侣。这样的“走坡”活动，代代相传，为仫佬人建立幸福美满家庭铺平了道路。这条幸福自由之路一直延伸到今天，仍闪烁着耀眼的光芒。

“达年”的活动还可以从农历十二月二十四夜送灶王爷上天算起。这一周内，仫佬人紧锣密鼓地准备过年，进行室内大扫除，缝新衣，杀年猪，磨豆腐……忙个不停。除夕之夜，接灶王爷回来。除夕那天，家家户户贴春联，内容丰富多彩。中堂正面设置一个香火台，台上正中用大红纸书写“天地君亲师位”或“某氏历代宗亲位”；台左侧用红纸书写“司命灶君之位”，两旁贴小对联“有德能司火，无私可达天”；台右侧用红纸写“财帛星君之位”，两旁贴小对联“日进千乡宝，时招万里财”。各神位前设宴台、香炉架，台下有一个专供烧纸的盆子，用以焚香、燃烛、烧钱。中堂背面设纪念台，台上贴关羽像，书联“秉烛达旦，忠义双全”；或岳飞像，书联“精忠报国，还我河山”。堂屋的两旁墙上贴红纸书写的彩话：“诸事遂意”、“老少平安”等。除夕之夜，宴台上摆素供，烛光辉煌，香烟渺渺。青年人在宴台前守岁到天亮，子夜零点，鸣炮迎春。

初一早上，全家吃水圆，当天均吃素食。

初二早上用香纸敬财神爷，在天未亮到放亮之间燃放鞭炮，然后才外出拜年和请客吃饭，参加各种文娱活动。

正月十五之夜到别家的菜园摘几片菜叶回来，没有蔬菜，青草也要抓一把，称为“偷青”。民间认为，会给家中带来清洁平安。

2. 二月春社

二月春社节在立春后第五个戊日举行。

社有社庙，多设于村头大树下。社节到来，仫佬族各村寨的群众捐钱买一头“社猪”宰杀，供祭社王。祭后将猪肉切成一挂挂，将猪杂、头、脚煮熟，除留下少部分供首事们在庙前共吃一餐外，其余按户均分。仫佬族拜祭的社王，传说是本民族的英雄罗申（亦名罗仰、吴平、稼、木落大王等）。相传很久以前，罗申出生在仫佬山乡的一个农家里，从小身强力壮，学就一身巫术，有“点石成金，结草成兵”之说。某一年，朝廷派来的官兵，横征暴敛，抢掠烧杀，人民苦不堪言。罗申决意起兵反抗。没有兵员，他就秘密地在黄草岭上扎了四万九千九百九十九个草人为兵，与官兵作拼死搏斗。结果兵败被害，冤魂化为成千上万的黄蜂，直飞朝廷，把皇帝和文武百官蜇得鼻青面肿，双眼都睁不开。皇帝只好认输求饶，答应不再欺压仫佬人，并封罗申为“七里英王”，每年享受春秋两季拜祭的待遇。从此以后，仫佬山乡村村寨寨都建立了社坛，年年拜祭，祈求社王罗申庇佑子孙后代幸福平安。这个传说在客观上起到抚慰人们心理、凝聚民族意识、强化斗争观念的作用，这是神话传说创造者所不曾意识到的。

社节那天，仫佬族还有向社王报丁的习俗。凡是有新生男婴之家，必须备办猪头等三牲供品去拜祭社王。主人点燃一炷香，插到社王像前，摆上供品，斟上三杯酒，口唱“婆王给我生贵子，我请社王保平安，孩儿长成续香火，祖业万代有人传”之类的歌。仫佬人认为这样就能以虔诚之心取得社王的保佑，孩子可以除病消灾，健康成长。同时还要给同一社王辖区的各户分红蛋，表示通报自己家庭又添丁了。

二月春社节，家家户户舂糍粑，杀鸡祭祖，接新媳妇回家。全村进行春祭，各家各户凑钱买猪，抬到社王庙宰杀，每户派一位代表参加。敬祭社王时，将猪肉分成若干份，用竹子串起来，一串一串地挂在竹竿上，分放在社王庙的两旁。祭完社王，各人将一串猪肉带回家。如果这一年春社在春分之前，民间认为年成好，有余有剩，代表们先饱吃一顿，剩下的串肉再分给各人带回去。如果春社在春分之后则年成不好，大家要省吃俭用，先分再吃，把猪肉全部分到各家各户去吃。这日要煮黄木花（一种灌木花）、蒸黄色糯米饭供神，全家食用，民间认为，这样可减少小红蚂蚁之害。

3. 向婆王求朵花

农历三月初三为婆王诞节，又称花婆节。传说婆王是主管人间生育繁衍的女神，是否生养、生儿生女都由婆王决定，所以深受人们敬仰。婆王，民间又称花婆、麻头婆、花棚婆、花王圣母，主管人间生育和保护小孩。仫佬族作家龙殿宝采录的民间口传神话，内容如下：

婆王掌管着一座极大的花山，日日忙碌着护理花山上的花。

人是婆王花山上的花。

她把花的生魂（民间称“花魂”）送给谁家，谁家就生小孩。送红花是女孩，送白花是男孩。婆王花山上的花长得茂盛，开得鲜艳，人间的小孩就平安成长，不生病，身体健壮。如果花山上的花生了虫，小孩就生病，有灾难。婆王给花除了虫，孩子的病就会好。婆王在花山上淋花，花湿了水，小孩睡觉时，全身冒汗，衣衫湿透。人死了，生魂回到花山上，还原为花，再由婆王送给他人，这人便投胎去了别家。

婆王有个助手花林太子，协助婆王送花。

久婚未生孩子的妇女，在农历三月初三办齐三牲供品到婆王庙求婆王送花给她，虔诚地向婆王跪拜，随着冉冉升起的香烟，唱《求婆歌》：

三月初三来求婆，少度木桥少度花。
叹我命丑无缘份，好比空壶没有茶。
人讲我犯龙虎煞，天狗吃了我枝花。
夫妻闹吵姻缘丑，叩拜婆王，求你送我一枝花。
三月初三来求你，六月初六来还婆，
用钱备办三十六，买鸡买肉，样样办齐送给婆。
今年求你三月三，六月初六又来还，
明年若有花枝到，夫妻拜谢，婆王恩德比海宽。

这些夫妇一旦求得花（指怀了胎或生了孩子）以后于农历六月初六来婆王庙祭祀婆王，叫做“还婆”。还婆时唱《还婆歌》：

求婆把难离娘身，求得花枝伴花根，
一年三百六十天，长时记住，不忘殿里婆王恩。
到了台前拜三拜，杀鸡杀鸭敬花台，
三杯酒来三碗饭，烧香拜请，三位婆王近前来。

“还婆”后，才了却原来求婆时许下的心愿。以后，更加敬奉婆王，经常祭祀婆王。

《婆王神话》和各种祭婆王的仪式以及各种歌谣（如《求婆歌》、《还婆歌》等），构成了“立体性”的婆王文化，代代传承。

4. 载欢载笑牛诞节

农历四月初八牛诞节，又称“牛生日”，家家户户清扫牛栏，把牛洗得干干净净，给牛喂好的饲料。这天不使用牛，给牛放假休息。这天还杀鸡宰鸭，备酒备肉祭“牛栏神”，用枫树叶汁蒸黑糯米饭祭祖先。祭后，黑糯米饭先请牛吃，然后人才吃。插枫树枝叶在大门上，以驱蚊蝇。

牛诞节的来历，有一个动人的故事。

从前，仫佬人的祖先还不知用牛耕田犁地，而是依靠人一锄一锄地挖，半天才挖半个堂屋大。后来，虽然发明了脚踏犁，但情况并没有好转多少，沉重的体力劳动仍然压得人们喘不过气来。有一年，正是农历四月初八那天，村上有个聪明伶俐的姑娘，名叫罗英，她带上一条猎狗到白银山打猎，刚好碰上一头野牛从林中走出来。野牛发现了人，马上抬头翘尾地飞跑，跑了三座山、转了六道弯就不见了。罗英心想，要是能把这头野牛捉回去驯养，给人们代耕那该有多好啊！于是她沿着牛脚印往前寻找，一直找到十五峒，才发现野牛的一只蹄子夹在石缝中，痛得直掉泪。罗英急忙上前看看，可是这个石缝有三尺多深呐，罗英哪里有力气搬得动牛？她只好采了一些嫩草，递到牛嘴边，说："牛啊牛，你的肚子饿了，先吃把青草吧！我在这里陪着你，慢慢想办法吧。牛啊牛，你要是心烦了，我唱一支歌给你听，好吗？"说完，她一边喂牛吃草一边轻轻地唱起了山歌：

月儿亮，照山冈，
我对牛儿把歌唱。
歌声伴随山泉水，
泉水弹琴叮咚响。
牛啊牛，
有我陪你在身旁。呀嗬牛！

我对牛儿把歌唱，
野牛听我把话讲。
山下田地像花朵，
片片泥土吐芬芳。
野牛啊，
请你帮忙来耕种，
五谷赛过百花香。呀嗬牛！

尖石划破我脚板，
刺藤钩破我衣裳。
手给牛儿捧青草，
口唱山歌情意长。
野牛啊，莫撒野，
要学勤劳和善良。呀嗬牛！

山花开了，月亮圆了，草木更加绿了，野牛也不晓得痛了，它伸出舌头，轻轻地舔着罗英手背上被刺破的伤口。那道石缝也被罗英的歌声所感动，慢慢地张开了，野牛的腿轻轻松松地抽了出来。罗英高兴地抚摸牛脖子。野牛跟着罗英来到仫佬山乡，罗英天天割嫩草给牛吃，天天唱山歌给牛听，一有空就教

山坡上吃草的牛　黄家望　摄

牛犁地。牛也老老实实，勤勤恳恳，任劳任怨。从那时起，仫佬人有牛帮助耕田了。人们爱护牛，崇敬牛，更感激罗英。于是，在农历四月初八这天，都要隆重地过牛诞节，给牛过生日，让牛吃好、睡好，敬祭牛栏神，敬祭祖先神罗英。有的地方将罗英的传说作为依饭节的来历。

5. 端午祭真武

农历五月初五端午节，家家包粽，门口挂菖蒲、艾枝，将雄黄洒在屋阶，放雄黄入水缸，并用来擦手，用石灰水洒在屋外墙根。端午这天煮吃田螺，民间认为可防治疮疖。村中请法师穿红色法衣到田垌驱虫保苗，在田边插“令”字三角彩旗。两人抬一只纸船前行，法师在纸船后作法，游完田垌将纸船放在河边烧，烧完后扔进河中。

农历五月初五又是银姓仫佬人敬祭真武神的节日。这天，家家户户杀鸡宰鸭，到真武庙祭拜。从早到晚，香火不断。这个节日的由来是这样的：

传说在明朝初年，与银姓仫佬人居住的大银村相邻的罗村，有个姓罗的寨佬，向来视财如命，又仗势欺人，经常指使家丁到邻村偷牛盗马然后杀掉去卖钱，把牛马的骨头放到大银村后山洞里藏着，而后又诬告大银村人偷牛盗马。银姓仫佬人咽不下这股冤枉气，告到县官处要求审理。虽然有理有据，但始终告不倒这个有钱有势的寨佬。某一年罗村寨佬又找借口诬害大银村人，激得大银村男女老少个个义愤填膺，准备合力与罗村寨佬拼个你死我活。正在剑拔弩张一触即发的紧急关头，有个叫银大孚的后生站出来说："有斧砍倒树，有理告倒官。县、州告不赢，就告到京城去。"仫佬山乡与京城相距十万八千里，怎么去？谁能去？众人议论纷纷，感到十分为难。这时，银大孚斩钉截铁地说："山高挡不住高飞雁，路远难不倒仫佬人。如果格佬们（父亲们）相信我，明天我就上路。"格佬们不约而同地齐声说："好后生，去吧！我们等你胜利归来！"

第二天一早，银大孚轻装上路，日夜兼程，翻过了九百九十九座山，涉过九百九十九条河。正逢五月初五那天傍晚，狂风暴雨，雷电交加，天昏地暗，伸手不见五指。在饥寒交迫的情况下，他寻到路边的一座古庙里，暂时歇歇，烧起一堆火，烤一烤被雨水淋湿的衣服，昏睡在火堆边。在梦中，一个样貌慈祥的大神走来问他："后生家，这么大风大雨的深夜，你来这里干什么？"银大孚如实地回答："为了给仫佬人申冤，到京城告状去！""伸什么冤，告什么状？"银大孚把冤情从头到尾讲述一遍。大神十分同情，并将"京城判官审案，大堂前摆十面大鼓，九虚一实，必须敲对第五个实鼓（不响），才获胜诉"的情况告诉银大孚。银大孚十分感谢，乞求留下尊姓大名。大神说："我是真武神，往后有什么难处尽管来找我。"说完，大神便隐没了，银大孚也从梦中惊醒过来。

银大孚到了京城公堂，按照真武神的指点敲中了第五个不响的鼓，获得了胜诉。审判官判定银姓仫佬人无罪，罗村寨佬诬陷栽赃，被重打五十大板，并罚款四百两银子。

银大孚胜诉归来，众乡亲兴高采烈，齐赞银大孚能干、勇敢，为银氏家族申了冤。银大孚谦逊地说："这是真武神保佑的结果。"并详细叙述了途中夜宿古庙，梦遇真武神指点的全过程。从此以后，银氏宗族为了纪念真武神的恩德，便建起"北帝庙"（真武神本是我国北方古代的神祇，是道教崇奉之神，也称北帝神，其庙叫"真武庙"，亦叫"北帝庙"。银姓仫佬人建起的庙叫"北帝庙"），每年农历五月初五敬祭，世代流传。

6. 驱虫保苗节

农历六月初六是仫佬族传统的“驱虫保苗节”。1949 年以前，每年农历六月初六，仫佬山乡各村寨，锣鼓喧天，成群结队的男女青壮年，挥动五彩小旗，从四面八方涌向田垌，带上酒肉等供品，到自家的田边烧香敬祭“保苗神”（传说是伏羲兄妹神）。祭毕，将小彩旗插遍田边，认为这样害虫就不敢再来损害禾苗了。

关于仫佬族驱虫保苗节的来源有这么一个传说：在很久以前的一年六月初六那天，仫佬山乡发生了一次大蝗灾。漫山遍野，地头田角，到处都是黑压压一片的蝗虫，田垌里绿油油的庄稼，一下子就被吃个精光。眼看收成无望了，这让仫佬人往后的生活怎么过？大家正在愁断肝肠的时候，有个名叫智广的后生自告奋勇去问“野敬”（巫婆）到底是什么妖魔在作怪？巫婆说：“古时候洪水淹天，伏羲兄妹造人伦，功劳很大，却没有获得什么封号和敬拜，因而放出蝗虫，为害人间，要获得丰收，必须备办三牲酒敬祭。”次年六月初六，仫佬山乡村村寨寨敬祭伏羲。碰巧当年五谷获得丰收。人们认为真的灵验了，所以年年拜祭，沿袭至今，如果发生了严重的虫害，还要举行隆重的“遣村遣洞”活动。

7. 哪个青年不“走坡”

农历八月十五“走坡节”,是仫佬族男女青年社交活动的节日,又名“后生节”。

春节期间，男女青年“走坡”；农历八月十五，男女青年也“走坡”。1984年,罗城仫佬族自治县成立,尊重民族的意愿,正式决定中秋节为仫佬人民的“走坡节”。此后，每逢这个节日，仫佬族男女青年除按照传统习惯自由“走坡”对歌外，当地政府有关部门还组织群众，大摆歌台，邀请各村著名歌手领头对歌。这些歌手有男有女,年纪较大者见多识广,生活经验丰富,能触景生情,出口成歌,现编现唱，所以每逢“走坡”对歌都请他们出台压阵。坡会上还增添了许多新的活动内容，如舞草龙、舞狮、斗鸡、抢花炮等。参加活动或者看热闹的人穿着节日盛装，从四面八方蜂拥而来，人数多则上万少则也有几百。坡场上歌声、笑声、喝彩声、锣鼓声汇成一片，热闹非凡。

青年男女一早即成群结队，到依山傍水、草木葱茏的山坡上，互相对歌，以歌传情，寻觅知音，选择如意的对象。在坡场上，青年男女成双结队，男方看准对象后，先摇手帕，吹口哨，引起对方注意，唱“邀请歌”，如果女方接唱了，才形成对歌。如果女方不接腔，说明她们已有对歌对象，男方只好另邀别人。对歌的内容，有“相逢歌”、“问情歌”、“赞美歌”、“叹单身”、“求情歌”等，分离时，唱“分离歌”、“约会歌”等，有的还互相交换信物。经过几次“走坡”对歌之后，相互感情深了，即可双双对对结成“同年”，细声细语地谈心，以后如果没有什么变故，就可通过媒人牵线，说通双方家长，取得同意后，结成终身伴侣。这样的“走坡”活动，代代相传。以下摘录一些歌例：

邀请歌（又称“拦路歌”）

见妹走坡去游游，
唱首山歌拦路头，
千兵万马让他过，
单独拦妹唱风流。
相逢歌，
祝英台，
妹想唱歌靠近来，
弟是大船难撑过，
望妹小船撑过来。

问情歌

初来连，
初初来到桂花园，
初初来到花园洞，
不知花爱是花嫌。

赞美歌

好花枝，
枝枝好花引哥迷，
好花开在花园里，
谁人见了不相思！

求情歌

天不平来地不平，
半边落雨半边晴。
妹逍遥，
真无情，
独自那边撑阳伞，
留哥一身雨来淋。

分离歌

正讲同双多坐阵，
日头落山又分离，
山伯难舍英台女，
哥今难舍妹花枝。

约会歌

今日分离，
哥的情义记心头，
又送我，
过山头，
望哥回去莫心忧，
慢慢等，
再过两日又来游。

仫佬族走坡对歌　张琪琪　摄

农历八月十五中秋节，有的地方还杀猪祭祖。

青年人这一天祭月“走坡”。情人之间相互赠送月饼（称“同年饼”）、同年鞋（又称“鸳鸯鞋”）。农历八月十四、十五、十六的晚上，有的全村男女老少围成一堆一堆地唱歌，活动往往通宵达旦。

仫佬人过中秋节，包桐叶粑甚为盛行。桐叶粑源于秋社节。传说古时候，天神要仫佬人的祖先在十天内，把方圆十五里的场荒地开辟出来，否则天将降灾惩罚。这里荆棘丛生，毒蛇猛兽时常出没，十天时间，人口稀少的先人们怎能按时完成任务？只好男女老少一齐出动，日夜拼死拼活地干活。累了，躺在桐树下歇一歇；饿了，摘下桐叶包米煮饭夹杂些野菜充饥。这一行动感动了社王，

社王派天兵天将下凡相助。仫佬人农历八月十五那天按时完成了任务，免遭一场大难。为了纪念祖先开辟蒿菜、开田园的功德和报答社王的相助之恩，每年八月秋社节包桐叶粑来祭拜。后来，连走坡节也包些桐叶粑带去，作为午餐和馈赠意中人之用。

农历八月十五仫佬族也有拜月、赏月、吃月饼的习俗。青年小伙子还有给意中人送月饼的，有“八月十五哥送饼，九月重阳妹送鞋”的民歌流传。

仫佬族中秋拜月、赏月是从中原文化吸收过来的。拜月之后，家家户户男女老少，在月光下吃月饼和瓜果，叙述“嫦娥奔月”、“吴刚伐桂”的神话故事。

8. 重阳酒里熏酿的重阳节

重阳节，当天家家户户喜欢饮自己酿制的酒。这种酒是于上年重阳节用糯米酿制密封储存的隔年陈酒，所以称之为“重阳酒”。

这个节日最早流行于中原汉族。古时候，人们根据阴阳学说，“九”属阳数，农历九月初九，日、月都逢九，故名重阳。当天，民间有登高、赏菊、饮菊酒、插茱萸、吃重阳糕等习俗。重阳糕是节日必备的一种食品。糕是用面粉调以枣、栗或肉等配料蒸制而成。

唐宋以后，重阳节的风习逐步传入仫佬山乡。经过数百年，结合民族的实际，锤炼改造成为今日饮“重阳酒”的习俗。仫佬族民间传说：在很久很久以前某年秋天，天下大旱，田地里的庄稼枯焦了，山上的树木枯萎了，溪流、山塘、泉水干涸了，不但禾苗无水灌溉，人畜饮水也发生了困难。人们心急如焚，无计可施。重阳节那天晌午，突然有个衣衫褴褛的行乞者到村子里来找水喝。善良的仫佬人二话没说，就把自己仅有的一瓢水送了他。他喝完后话也不留一句就走了，只留下一个装水的竹筒。仫佬人发现后拿着竹筒追上去要还给他，岂料三拐两弯，来人已化作一团黑云，覆盖在仫佬山乡的天空。仫佬人转回家中，不知如何是好。打开竹筒盖，一阵酒香扑鼻而来，原来这是一筒酒。大家胡猜着，可能来人用酒换水吧。于是你一杯我一杯的分着喝，酒未喝完，天空已是雷声隆隆，电光闪闪，倾盆大雨哗啦啦地泻了下来。满地的流水浸透了大地，灌满溪谷山塘，滋润了田野庄稼。这一年仫佬山乡获得了好收成，家家户户熬酒设宴，庆贺这个难忘的日子——重阳节，永远记住从天而降的“行乞者”留下的那筒酒，名之为“重阳酒”。

对汉族来说，重阳节原本是一个生产节日，在秋收结束后，全家老少欢饮一日，庆贺当年作物丰收，设想来年的生产安排。仫佬族的重阳节传说，实际上与汉族“重阳节”一样，紧紧地与农业生产结合在一起，是从汉文化母胎中派生出来的，带有本民族文化特色的节日。

9. 依饭节

依饭节，又称“喜乐愿”。这是罗城仫佬族自治县四把、东门一带仫佬族人民的一个独特、隆重的节日。居住在忻城县马泗乡一带的仫佬人称之为“贺香火”，过节内容和形式和罗城大致一样。

到了依饭节这一天，村寨里男男女女，老老少少，穿上节日盛装，聚集在一起。村前村后以及野外的小路上，流动着彩色的人群，他们是带着美好的祝愿和希望，从邻村和几十里外赶来欢度节日的亲人。这一天，人们忙着杀鸡、杀鹅、杀猪，那忙里忙外的匆匆脚步声，小孩子们在村巷里追逐嬉闹的笑喊声和杀猪发出的嘶叫声，回荡在山村的上空，整个山村沉浸在一派欢乐的气氛之中。

节日以村为单位进行，一般在祠堂里或宽敞的人家举行。事前，由本村一位年长者把一束穗最长、颗粒最饱满的糯谷穗用最鲜艳的红带子恭恭敬敬地系起来，端端正正地挂在厅堂的墙壁上。厅堂中间，摆一张方桌，桌上摆满用芋头和红薯做成的水牛、黄牛模型。红薯、芋头做牛身，倒插四根香梗为牛脚，用两个弯弯的猪獠牙插在牛头上当牛角，用一小撮棕毛或麻线做尾巴。做成的牛模型摆在桌上，活灵活现。

除了牛以外，桌上还摆着一盘五色糯米饭。饭盘的四周围一圈又一圈地摆着甜酒、黄豆、花生、芝麻、胡椒、沙姜、八角等十二种食物，以及猪心、猪腰、猪肺、猪肚、鸡、鸭、鱼、蛋等十二种供品。这丰富多彩的供品构成一幅多彩的图案，点缀在仫佬族的家家户户中，这图案，表示着五谷丰登、六畜兴旺，象征仫佬人永远幸福、欢乐、如意、吉祥。

活动开始了。师公们头戴面具，身着彩衫，装扮成神的模样，唱着依饭歌。他们边唱边摇摆起柔软的手臂，跳着节奏鲜明、铿锵有力的舞步。围观的人们也踏着舞步一唱一和，随着节奏的加快，围观的人附和呼喊："啊——嗬！"然后随着师公的舞步和歌声进入了角色。

第二天，大家围在一起讲故事，各人把自己所知道的故事、传说全讲出来。这一天，似乎是仫佬族故事的大展播。

依饭节活动的项目进行完毕以后，主持人便把谷穗、红薯、芋头做的牛分给各家。人们带着分得的牛模型、作物种子和猪心、猪腰、猪肝、鸡、鸭、鱼、蛋等，怀着愉快的心情，高高兴兴地回家了。

为什么要用红薯、芋头做那么多水牛、黄牛？这里有一个从依饭节上记录下的故事：

很久很久以前，仫佬山乡草长得比庄稼还高，野兽非常凶恶，一点都不怕人，还常常把人吃掉。每天太阳正中的时候，人们才敢出门干活，太阳还没下山就赶着回家，关紧大门。那些鸟呀、虫呀，也和人作对，又叮又扒，把地里的庄稼糟蹋得不像样。这样的日子实在没有办法过了，乡亲们打算搬到别的地方去住。在大家准备动身的时候，有一个叫做罗义的壮汉拦住了大家。他说："祖先们千辛万苦，好不容易才开出这块地，我们怎能随便丢掉呢？大家还是想想办法来制伏这些野兽吧！"乡亲们听他说得有理，就推选他做头领。

罗义是远近闻名的猎手，力大无穷，能生擒野牛、猛虎，射得一手好箭，百步穿杨，从不落空。罗义的妻子早前被老虎吃掉，留下一个女儿叫罗英。罗英小小年纪，就跟着阿爸去打猎了。在罗义带领下，乡亲们和野兽斗开了。

有一天，罗义狩猎去了。小罗英在门前的草丛中发现了一只受伤的小凤凰，罗英把它抱回家里，精心照料。不多久，小凤凰的伤好了，长成了一只美丽的大凤凰。罗英整天带着凤凰去看守庄稼，驱赶百鸟。只要凤凰一啼，百鸟就乖乖地围着它唱歌跳舞，不再去糟蹋粮食了。鸟患虽消除了，但兽害还没有治住。这里地广人稀，山高林密，猎人们到这座山，兽群就窜过那座岭，等人一走，它又继续出来为害。

后来，罗义决心先把百兽之王狮子除掉，再去收拾其他的野兽。罗义选准了狮子路过的地方，带上弓箭，和乡亲们埋伏在林子里。等了三天三夜，仍没有见到狮子的影子。大家正准备离开时，突然一阵大风刮起，枯枝败叶被扫得满地飞舞。罗义知道是狮子来了，就赶紧搭箭拉弓，准备搏斗。大风过后，林中一阵噼啪乱响，碗口粗的树木也被拦腰扫断，一只鬃毛卷曲、巨口如盆的狮子王出现了。罗义抓住机会，“嗖”的一箭，正中狮子的咽喉，随着一阵天崩地陷似的狂吼，重伤的狮子痛得满地打滚，罗义和乡亲们猛扑上去，终于除掉了这只凶恶的百兽之王。

除掉狮子之后，群兽无首，在罗义和乡亲们的弓箭下、陷阱中纷纷就擒。猎物多了，大家就把那些吃不完、死不了的野兽养了起来。天长日久，它们都被驯化了，成了猪、马、牛、羊、鸡、鸭等家畜家禽。

降伏百兽之后，罗义因为劳累过度而去世了。罗英决心继承父志，为乡亲造福。她看到乡亲们耕田种地，手锄肩拉，十分辛苦，很想驯化那些野兽来帮人干活，最后她选中了那匹身高体壮的大野牛。

谁知道，野牛养在栏里还算老实，一拉到地里套绳架犁，就野性大发了。它扯断了牛绳，跑过四十九道田坎，翻过了四十九座山头，还是狂奔不止，罗英也紧追不舍。后来，野牛一不留神，跌进了一个小山沟，双脚被石缝紧紧夹住，急得“哞哞”直叫。这时候罗英赶来了，她一看无法拉出野牛，就到坡上扯来青青的嫩草，一把一把地喂给野牛吃。

1.仫佬族依饭节　张琪琪　摄
2.仫佬族依饭节祭事　李　桐　摄
3.仫佬族依饭节祭事场景　李　桐　摄

依饭节场景　李　桐　摄

整整几天，罗英一直在山沟旁陪伴着野牛，她一边给牛喂草，一边唱起了歌来：

牛啊牛，
三天吃草不抬头，
抬头望见山坡下，
你家住在哪排楼？

牛啊牛，
罗英和你交朋友，
你睡竹楼栏底下，
我住栏上楼高头。
天亮牵你出门去，
泉边青草绿油油，
拉犁拉耙你先走，
扶犁扶耙我跟后。

牛啊牛，
跟人做伴莫忧愁，
我们一起种田地，
我们一起庆丰收。

听着听着，野牛流下了一串串泪水。罗英亲热地抚摸着牛的头，牛亲热地舔着罗英的手。罗英深情的《驯牛歌》传得很远很远，乡亲们听到后，纷纷赶来了。大家一齐动手，撬开石头，抬出野牛，牛乖乖地听从罗英牵回家里。第二年，野牛生了牛仔，而且一代一代繁殖下来，罗英一一把它们分给众乡亲。从此以后，乡亲们有了牛耕田犁地，田地越种越广，粮食越收越多，人人有衣穿，有饭吃，日子也越过越好。谁也忘不了罗义、罗英父女俩的功德，便把罗义称为“依饭公爷”，三年祭奉一次。

人们也忘不了牛的功劳，做了许许多多的耕牛模型，怀着敬意摆在桌上，依饭节活动完后就把它分给各家各户，意思是来年六畜兴旺、五谷丰登。这就是依饭节的由来。

依饭节日活动的中心内容是举办“依饭道场”。对当年的丰收给神灵还愿，并祈祷来年有更好的收成，同时传播民族文化、生产生活知识，进行娱乐活动。这一天要请三十六尊神下凡，保佑仫佬人物阜民安、六畜兴旺、人丁昌盛。师公们的演唱内容丰富，有歌有舞。节日食品丰富多彩，家家户户包粽子、蒸糯饭、杀鸡鸭，并用红薯、芋头做成黄牛、水牛形状，带上一束谷穗和祭品参加依饭节公祭。当天，全村各户都要派人，在宗祠或村门口的大门楼前扎起松枝彩门，设立祭坛。宾客盈门，热闹非凡。

依饭道场亦称“地台依饭”，在依饭节日举行。所祀之神主要是依饭公爷、梁善利侯王、白马姑娘；其次是历代祖先；再来是社王、土主、婆王、城隍等地方神，佛教诸佛，以及道教历代教主、法师等等。

依饭道场一般要请师公二至四人，操办二至三天，道场设在本姓宗族祠堂，无祠堂者设在首事之家。

开坛前，门楼和道场用松枝扎立彩门，贴红对联，神坛两侧也贴红对联，门楣上贴“彩银”（用红、黄、蓝、绿纸剪成图案，分别写上“地台”、“依饭”、“奉银”、“集福”、“庆贺”、“三秋”、“礼筵”、“盛会”等字）。各家备好活鸡、糯谷穗（每三穗用红线扎为一束，每户两束）、牛模型（用红薯、芋头制成，每户两头，分别代表水牛和黄牛）。

依饭道场的主要仪式有以下六项：

一、请圣。用红纸写上三十六位神名，由师公念诵。摆设十二样供品，包括茶叶、柑橘、甘蔗、芝麻、黄豆、黑豆、绿豆、沙姜、八角、胡椒、花生、粉丝等，叫“清筵”。

二、点牲。用三十六只鸡，由师公宰杀一只，用红纸卷成一纸筒点上火，以火点鸡及其他供品，用手在空中画写“超生度命”四字，而后把其余的鸡杀掉，取内脏给师公和族中长者做菜进餐，鸡肉给各家拿回去自己食用。

三、劝圣，即敬神之意。供上十二样荤熟品，包括猪头、猪尾、鸡、鸭、猪肉、猪肺、猪肝、猪腰、猪肠、猪肚、酒等，叫“浊筵”。

四、唱神，又叫“跳神”。师公戴上各神面具，边唱边跳，一直把所有请来的神唱完。这一程序进行时间较长，是依饭节仪式的主要内容，也是参与依饭节活动的民众最感兴趣的。

五、团兵，又叫合兵。由师公持公鸡一只，咬破鸡冠，将鸡血滴入酒杯中，滴在红薯、芋头做成的黄牛、水牛的模型上，还要滴在谷穗上。然后将血酒给众人饮一口，表示团结齐心，待仪式全部结束后把这些东西分给众人拿回家放在本家的神台上，称作“敬依饭”，可保人畜平安，五谷丰登。

六、送圣，又称“送梁九”。这是依饭节仪式的最后一个程序。由师公挑两串纸钱，逐一念过诸神名字，把他们送归各庙。“梁九”是最后送走的神灵。送“梁九”时，师公一人扮着梁公，肩扛一根竹竿，竿上绑着一只公鸡，手持一壶酒，装醉样，边走边唱。“梁九”仪式结束后，把芋头、红薯做的牛、猪和谷穗分给各家各户拿回去供在香火堂上。到此全部活动结束。

10. 安龙节

农历十一月，仫佬山乡有的村寨选择吉日举行盛大的法事，过安龙节。请师公主持，安龙上位，请龙神保佑全村安康。“安龙”时，先在村子周围挖四个大坑，每个坑点一盏油灯，日夜点燃，给龙神引路。师公口中念念有词，一手拿宝剑，一手拿火把，挨家挨户，从房间到猪栏，处处赶鬼驱邪。然后用茅草结成一个耳朵形的草标插在大门口的两旁，这样邪气就不敢进屋了。有些地方驱鬼祛邪的方法很特别。师公用一根木棍贯穿盛有食油的炒菜锅的双耳，用一些布条作为引火线，然后点燃。师公持锅灯挨家挨户施法，每到一家便往油锅里喷一口酒，火苗忽地爆起，秽气就被烧掉了。“安龙”期间必须封村，不让外村人进来，以免带来邪气。封村的标记是在村头高处挂一个猪笼。

安龙节的由来是这样的：

相传很久很久以前，有两兄弟，哥哥叫勒潘，心肠狠毒，视财如命；弟弟叫勒怀，心地善良，勤劳勇敢。哥哥老想占弟弟的便宜，弟弟不得不与他分家了。

那时，勒怀只有十六岁，但他聪明勤快，精通武艺，力大无穷，日子过得很不错。有一年，仫佬山乡发生了瘟疫，十死六七，眼看百里长廊就要人烟绝迹了。勒怀心里急得饭也吃不下，觉也睡不了，天天到山里寻找治病的药。一天，他在采药的路上碰到一位胡子拖地的老人。他诚恳地上前向老人请教治病的良药。老人告诉他，在很远很远的地方有良药，但要走到胡子像他这样长的时候，才能走到。勒怀不怕，他带上干粮上路了。勒怀连续走了九天九夜不休息，到了第十天晚上实在走不动了，就进一间庙里去休息。夜里，他被一阵声音吵醒。他从神像背后伸头一看，原来是一条金龙带着几个龙仔在殿堂里玩耍。天快亮的时候，大金龙招拢龙仔，说："你们快点长大，到人间为他们做些好事，将来好在龙榜有名。现在人间有一种瘟疫，死了好多的人。其实这病不难治，用庙前大树的叶子煮水喝就治好。一物克一物，你们多学点，到时候有用处呢！"待金龙一走，勒怀马上奔出庙外，摘了一大包树叶往回赶路。勒怀寻回药救了大伙的命。他将事情的经过说了之后，大家非常感激白胡子老人和金龙，于是，便开始祭祀他们。

◆1.添丁报喜

◆2.新生之礼

◆3.背带情

◆4.礼敬契娘

◆5.“补做风流”

◆6.增寿衣

◆7.添粮与“添六马”

◆8.深夜的歌谣

第四章

庄重的民族礼仪

1. 添丁报喜

女子出嫁之后，一旦有了身孕便告知母亲，于是未来的外婆便忙开了。她用五彩丝线绣背带，缀满花、鸟、草、虫等美丽、吉祥的图案。

孩子一降生，夫家便派人给娘家报喜。外婆立即挑起早已备好的东西：鸡（男丁用母鸡，女丁用公鸡）、背带、花布、甜酒、黄糖、鸡蛋，前来贺喜。直到三朝后与接生婆、亲家母共进喜餐之后才返回家中。

坐月子期间，产妇一个人独居家里，使用的一切器具都是她一个人专用，不能与家人同吃。产妇不能坐在堂屋，不能串门，不能外出见天。孩子十二朝或满月时，请“先生”来选择吉日做姜酒。十二朝的姜酒简便而热烈。满月酒非常隆重，往往杀猪办宴，亲友们前来祝贺，送来米担、布条、背带等。

孩子满月之后，母亲先撑着伞背孩子去游田垌，在背带里塞一本书。民间认为，这样，孩子长大后才会勤劳俭朴，会做农活，勤奋攻读，聪明过人。接着便背孩子去赶街买葱买蒜，这样待他长大之后就会聪明伶俐，人才出众，有胆有识。然后回外婆家去“吃饭”。母亲将一口饭嚼碎之后喂给孩子吃，之后外婆、外公和舅舅、舅娘等与孩子“见面”。返回婆家时，娘家包一担粽子送行。回到了夫家，将粽子分给村上的小孩子吃。大家上门来贺喜，在场的大人唱歌祝贺：

糯米糍粑香又甜，
长大不忘勤与俭，
传宗接代望太子，
聪明伶俐合家欢。

孩子们也学着大人的口气唱道：

小公鸡，尾巴长，
祝愿弟弟快长大，
清早下地去劳动，
晚晚挑灯进书房。

2. 新生之礼

仫佬族将孩子出生视为头等大事。女儿有喜，首先告诉自己的母亲，母亲最为高兴，因为，她马上可以做外婆了。于是，她便忙活起来，又是剪布缝背带，绣背带芯，又是缝小帽，做小衣、围涎，布料都是用自己纺织的家布，背带芯用丝绣，图案非常丰富，双凤朝阳是必须的，还有花、鸟、虫、鱼、蝶、草等动物和植物图案，色彩异常斑斓。

孩子出生后，第一件事就是准备一盆水给孩子洗澡，称为“临盆水”。是男孩就在盆里放一支笔，是女孩就放丝线。这么做都有其寓意：笔，是希望孩子长大读书聪明，写得一手好文章；丝线，是希望女儿心灵手巧。

外婆接到喜讯后，连忙放下手中的活计，换上新衣，带上鸡和几斤米（俗称“肚痛米”），兴致勃勃地往外孙家赶。一直在女儿家帮忙，过三朝后才返回。婴儿在三朝内要用旧衣包，意在继承艰苦朴素的作风，避免长大铺张浪费。还要用白线系手臂，以防以后多手多脚。给孩子穿白衣襟，要用黑棉丝搓成绳扣，这样的寓意是：孩子长大后能黑白分明，心明眼亮，头脑灵活，记忆力好。

孩子满三朝时，家人要蒸红糯饭分给邻居。在产妇卧室门前杀一只鸡，供奉婆王，以报答婆王恩赐小孩。还要请人登记孩子的生辰八字，记在红纸上。孩子出世十五到二十天后要给孩子剃头，剃头要避碰上“丁日”，以防孩子日后头上生疖子。剃头这天要煮一个红蛋，意思是希望孩子剃头后头型圆，好看、漂亮。产妇生孩子后头上要包布巾，等到孩子剃头后她才能洗头。孩子临近满月，请“先生”择吉日做满月酒。满月酒很隆重。一大早就要到婆王庙祭祀婆王。要准备丰盛的宴席，赴宴的多半是女性亲朋好友。娘家在外婆、姨娘的带领下来了很多女眷，她们挑米箩、担粽子，米箩上有红封包。送鸡，生男孩送母鸡，生女孩送公鸡；送甜酒，甜酒用坛子装，上面盖红纸，未及打开就芳香满堂；还有外婆精心缝制的背带、衣、鞋、帽等礼物。夫家除了准备丰盛的菜肴，还准备姜汤、黄糖、甜酒供大家享用，所以满月酒又叫姜酒。客人离席时，主家送红鸡蛋两个、粽子两个，红鸡蛋由夫家准备，粽子由外婆准备。

孩子满月后，还有个活动叫“出月”。这天，年轻的妈妈要用外婆送的新背带背着孩子，背带里放一本书，打开遮阳伞，到田垌走一遭，表示孩子长大后，爱做农活，勤奋读书，聪明伶俐。还要赶一次圩，目的是让孩子早见世面，见多识广，聪明有智慧，不做孤陋寡闻的人。赶圩时买点葱、蒜，葱表示聪明，蒜表示会算数。

到了第二年春社，女儿要带着鸡、肉，背着小孩回娘家过节。返回时，外婆包一担枕头粽相送。到家后，食用一部分，其余的摆在香火台上，等清明节扫墓时用来祭祀，意思是向祖先禀明，香火相传，后继有人了。

3. 背带情

在仫佬族地区，每个生了孩子的女人都有一条背带。背带是用蓝靛染成的家布做成，四方形的背带芯用五彩斑斓的绒线绣成凤凰、锦鸡、蝙蝠、蝴蝶、梅花鹿、鱼、青蛙、喜鹊等动物图案和牡丹花、梅花等植物图案。中间一个大花球更是色彩鲜艳，花球的中心是一朵石榴花，色彩非常华美，做工极其精细。仫佬族女子巧妙的心思、手艺、智慧，在背带上得到了充分的体现。背带是谁送的呢？是孩子的外婆送的。孩子一出生，做满月酒的时候，外婆就把背带送来了，显然，事先已经做好，做背带是当外婆的一件大事。用背带背孩子是暂时的，而收藏让背带成了永久性的纪念。孩子稍大，背带就用不着了。因为是外婆送的，里面包含有母亲的深情，具有特别的意义，凡是哭嫁过的女子，是不可能不知道母亲那份感情的。因此，多数仫佬族女子在孩子不需要背带之后，都不会将背带送给别人，就是自己的妹妹也不会送。妹妹生了孩子，自然会有自己的背带。光是那精致的图案，扎实的手工，就足以使她们的藏品——背带具有艺术的魔力。

1.仫佬族刺绣　张琪琪　摄
2.仫佬族刺绣　张琪琪　摄
3.仫佬族古老背带　李　桐　摄

一条背带，在她们手上轻盈地折叠着，那鲜艳的图案亮丽如初。她们没有说话，但是，这样的场面和色彩，容易让人怀想女人们在岁月深处的心事和记忆。她们对青春的依恋和微微叹息，都让人感觉到，这背带是一条长长的纽带，青春的底色，艳丽的图案，细细的刺绣，连起了三代人。外婆、母亲、孩子，通过这样一条纽带，紧紧连在一起。背带里有河流，那是青春的女儿河。背带里有阳光，有红云，有火焰，那是曾经透明透亮的青春，是外婆对孩子的期望和祝福！

4. 礼敬契娘

漫步仫佬山寨、村庄，经过村头村尾的一片小树林，常常会看到贴有四方形红纸片的大树。红纸色彩很打眼，像一个特殊的符号一样，使那棵树平添了几许神秘的气息。因为这红纸的存在，这树便超越了一般树的意义，它的背后有“神灵”在。这棵树被确认身份之后，它就不会被随便砍掉了，也不会被无端伤害，甚至，也不再有人敢于到树下撒尿，因为这个缘故，大树得以保存。仫佬山乡有很多参天大树，它们撑起了仫佬山乡蓝蓝的天，这和贴红纸的古老习俗是有关联的。

为什么要贴红纸呢？

这涉及仫佬族人认契娘契爷的传统习俗。

孩子出生后，请人推算，如果认为其命带魁罡（命书认为，命带魁罡者易有孤傲之性，六亲无缘倾向），则要认契娘契爷才能平安成长。这被认为是给命里“补缺”的一种方法，追求生命因素的内在和谐。怎么个认法呢？不能乱认，需要严格地按照孩子的出生年月日及时辰，对照天干地支，依据“金生水，水生木，木生火，火生土，土生金”这个“五行相生”的原理来选择所认的契娘契爷。比如，属金命的孩子，需要认个土命的人做契娘或者契爷，属木命的，需要认个水命的做契娘或者契爷。

被认做契娘契爷的人，一般都非常高兴。认契娘契爷要选择吉日良辰，孩子的父母要带上孩子，拿着酒、肉、糖果等礼品，到契娘契爷家拜认。契娘契爷设宴招待，还要送糍粑、衣料等礼物给契儿或契女，礼尚往来，非常融洽。在契娘契爷送的礼物中，有一件礼物有特别的意义，那就是“契娘（契爷）碗”。孩子回到自已家后，吃饭都要用契娘碗，这样表示得到契娘的“养育”了。里面的寓意很深，一个普通的碗包含一种“并养”的恩情。捧着契娘碗长大的仫佬族孩子，对契娘碗自然感到特别亲切。吃饭的时候，他们会自然而然地说：“妈，帮我拿契娘碗！”如果契娘（契爷）碗不小心被打烂了，没关系，契娘（契爷）又会给买一个新的！

认了契娘（契爷）之后，每年的春节、中秋，孩子要给契娘契爷送礼物，如酒、肉、果、饼之类。到了大年初二，是铁定要到契娘契爷家做客的日子，通常把这个称为“吃契娘一餐饭”。这一餐饭是契娘契爷精心准备的。这餐饭很有象征意义，象征着孩子得到生身父母无法给予的一种“养育”。仫佬族的这一习俗，同时应当有着这样的意义：孩子不是一个家族的，孩子也是社会

大树契娘

的，需要大家来关心、呵护。就像一棵树的长成，不仅需要土壤，还需要有足够的阳光和雨露。人不是孤立的，他必须和社会建立这样那样的关系。孩子认了契娘契爷，知道节日给契娘契爷送礼物，这也是他们开始学习做人，学会协作，积极参与社会活动的必须课。这对于我们今天教育孩子，培养他们健康的心智，营造和谐社会，应当是有借鉴意义的。

有一些孩子，一下子找不到合适的人认做契娘契爷，怎么办呢？没关系，仫佬族人有灵活的思想，他们认为万物有灵，认一棵大树，一块大石头，甚至一条河做契娘契爷，也是可以的。神灵同样可以保佑孩子健康成长。认物做契娘契爷也需要有正规的仪式，除了贴一张红纸外，还要准备酒肉和饭拿到契物旁边供奉，要烧香、烧纸、点蜡烛，供奉之后要撒点酒、肉、饭在契物旁边，算是拜契完毕。以后逢年过节，也要备上酒肉，供奉“大树契爷”、“石头契娘”或者“大河契娘”。直到孩子长大成人，结婚立业，对契物的供奉才告一段落。这样的做法所昭示的意义：人和自然是有关联的，是可以相互沟通的。人不是孤立的，自然也不是无情的。人通过认自然物做契娘契爷，培养了对自然界的敬畏心理，学会尊重自然，保护生态环境。

所以，仫佬山乡那一张张贴在树上、石头上的红纸，尽管很简单，却是人和自然相互依存、相互信任的符号，是他们报答自然恩情、爱护自然环境的一面面旗帜。

5. “补做风流”

“补做风流”是仫佬族久婚无子的人家所做的民间法事，也是富有情趣的民俗活动。凡久婚不育者，民间认为，是他们婚前耍风流不够，尤其那些不是自己“走坡”时对歌谈情，由父母包办而久婚不育者，因此要“补做风流”把恋爱谈够谈充分，把夫妻之间的爱情培育得浓浓的，才能怀孕生小孩。

“补做风流”要在行人来往较多处（如十字路口）进行。事先包好一两百斤糯米粽子挑到路口，请师公念经。凡经过此地的人每人送给粽粑，从早到晚，逢人必给，直到路上没有行人为止。如果粽子数量不够，只要有人说一声“没有了”，便须下一年重做。除了散发粽子，夫妻本人还必须重回“走坡”时节的婚前恋爱境界。各人找一个歌伴，穿戴一新，拿着小圆镜和手帕，男东女西或男南女北相向走来，接近十字路口时，男方远远吹口哨，女方摇手帕还礼。接着“走坡”时的歌路唱歌，即从《邀唱歌》一直唱到《定情歌》，小夫妻俩边走边唱，从远到近，走到十字路口停下。丈夫送给妻子小圆镜，妻子回赠丈夫手帕。

重回走坡路 李 桐 摄

补做风流又称“添花架桥”。在久婚不育夫妇按“走坡”的歌路补谈恋爱的同时，要请师公做添花架桥法事。民间认为，人是婆王（也称花婆）在花山所培育的花。她赐花给谁家，谁家便生小孩。不架桥，花童过不来。架了桥，把花童接进家，主家便能添花（添丁）了。

这种法事活动要请师公两三人，来家中设坛做法事一天一夜。除在村庄附近的小水沟上架一座小型的石桥外，法事中所架木桥是象征性的，有时架在祖坟附近，有时架在路边。桥身以长五尺左右，宽四寸左右的木条做成横梁，两端各用高约一尺的木板作蹬，钉在地上，再把横梁钉在两蹬上即成。此外，还要在石山脚下架一座长约一尺的小木桥，称为“岩桥”。这三座桥架成后，必须在桥旁点三昼夜明灯。

三座桥中最为讲究的是架五尺长的木桥。架设时，师公在桥旁做法事，用三四白布连接起来，请岳丈和五位房族亲戚把布扛在肩上，从头到尾拉着，一个紧跟一个，岳丈居首，手持“花童”（用红白纸剪成人形贴在小竹片上），拉牵着白布跟随师公绕桥三转，然后从木桥上踩过，称为“踩桥”。踩桥时都脱掉旧鞋，由求子的夫妻及其婆家跪在桥头，替踩桥的六位亲戚换上新鞋。踩桥之后，这支队伍从村旁的小石桥上经过，一直把白布拉着扛回家。入门时，求子的夫妻跪在堂里阴桥（用一长凳架成）的桥头，迎接师公和拉布的亲族过桥。师公在香火龛前“安花”，再用竹片编成的约三尺的卷拱形的“竹桥”钉在求子夫妻卧室的门槛上，竹桥上覆盖着红布、黄布各一层，同时将红、黄、白三色纸剪成的高约五寸的五十四个“花童”分插在竹桥两头，这便是“架房门桥”。

架桥时还有一个重要的活动称为“填井”（有的填七井，有的填九井）。其做法是：在石桥边上的大路上平行地挖七个或九个土坑，第一个坑深七八寸，如碗口大，其余的坑深三四寸，用酒杯盛油，油灯放进坑里。

架桥时必须请岳丈来踩桥，如果岳丈自己儿子不多，民间认为他的“八字”也不算好，没有福气去为女婿踩桥。如果碰到这种情况，求子人的妻子必须拜认一个寄父，并请他来“踩桥”。如果找不到寄父的，就出大礼恳求别人来承担这个任务。也有不请岳父来踩桥，而由本家的祖父来代替。凡在法事中承担“踩桥”的人称为“新外公”，表示求子者不再是从前的夫妻了，而是一对新婚夫妻，这样才有希望生育孩子。

求子夫妇“补做风流”唱罢“走坡”情歌，师公做法事，分发粽子。晚上回来，师公架好房门桥，还像新婚那样宴请亲朋吃“喜酒”。众亲朋唱歌祝贺：

送子娘娘在上方，
“补做风流”圆道场，
来年花开生贵子，
添花架桥再焚香。

6. 增寿衣

仫佬人到了五十岁就要做防老衣，又称增寿衣。选择吉日，请村寨里有名望的裁缝师傅主持“开剪”仪式。主家备一个猪头、一只鸡、一匹蓝靛布祭祖。然后裁缝师傅把一枚银纸做成的“花红”插到神龛前的香炉上，表示主人已经进入“寿年”了。尔后，把做“防老衣”的布料剪下一小块用糨糊粘贴在“花红”上。祭毕祖先，当即把布裁剪好，“开剪”仪式宣告结束。主家请裁缝师傅一起饮宴。

防老衣的样式为：

男性——长袖对襟上衣，宽脚宽腰长裤。

女性——滚边宽袍宽袖满襟衫，宽脚宽腰长裤。

防老衣全用人工缝制，十分结实。为了表示防老衣比别的衣服珍贵，因而主人会主动多付给裁缝师傅略高的价钱。做防老衣的同时，男性还要做一条一丈二尺长的黑布包头；女性做一条绣花围裙，围裙的系带织有各种花纹图案，围裙下边结有各种网状图形。

防老衣平时不穿，珍藏于衣箱内，到寿终时才穿。每过十年，必须缝制一套同样的防老衣，往后缝制的防老衣又称增寿衣。过了五十岁，如生重病，也要赶制一套防老衣来充寿，冲掉灾难，益寿延年。

缝制防老衣的同时做防老鞋。防老鞋是用来增寿的吉祥物。用白布做鞋底，黑布做鞋面，鞋头尖尖并往上卷曲，鞋面用丝线绣上各种花草，鞋形似船。

7. 添粮与“添六马”

如果老人重病或久病，民间认为是上天给他带到地上的粮快要吃尽了，因而得病，所以要请师公给病人“添粮”。其做法是：师公把一些纸人贴在主家厅堂上，杀一只公鸡，备二斤肉，外嫁女儿从婆家带回一筒米、两根线；师公在米上作过法之后，用纸盖住米筒，放在神楼上，过了三个早上后取下米煮给病人吃。作法事期间其他来访的亲戚也都必须带来一筒米，表示给老人“添粮”，来者又必须是年轻人。民间认为，年轻人阳气足，所添的粮会给老人增添年寿。

如果老人重病久病，民间还认为，这是老人体内的本元“六马”已经疲软将倒所造成的，需要请师公来“添六马”。其做法为：师公剪六匹纸马，在屋外摆设长方桌一张，作法念咒请来“六马”，然后将四纸马垫在病人睡席的四个角，一匹放在病人的头下，一匹放在病人的脚端，这样病人就能够恢复体力，病也就会好了。

8. 深夜的歌谣

仫佬族丧葬礼仪包括买水沐浴、报丧、开路、打斋、祭丧、出殡、守孝等主要内容。

特别值得一提的是“买水沐浴”和“打斋”。

老人去世后，由两个邻居抬一只水桶往村口水井或者泉边买水，为死者沐浴。他们除了抬桶以外，手上还要拿着香、纸，系一块白布。看到这样的景象，大家就知道某某家的老人去世了。到了井水旁或泉水边，邻居点燃香和纸钱，还往水里抛一两枚钱币，就可以取水了。这大约是向冥界表示，这次用的水不是以前的水，是另外一个世界的水，所以需要买。用了这水，就表示死者与活人阴阳两隔，不再来干扰活人，因为死亡的世界太幽邃，无论如何都不是件愉快的事情，那是让人深感恐惧的，所以这水有极深的象征意义。其实也不用取很多水，一瓢就行了。把水带回家后，放在煤炉上热一下，然后由死者的儿女用一块未用过的白布浸水，为死者洗身。洗的时候，要从上而下抹，前后三次，每抹一次扭干一次白布，表示用的都是新水。洗身后，死者是男的要剃

仫佬人的葬礼　张琪琪　摄

头，剃头只是在死者的额前剃三刀和脑后剃三刀，然后戴帽；女的梳辫子，包头巾。然后为死者穿上新衣、新鞋袜。接着把死者从堂屋临时安置的床上抬到地板的草席上。放在地板上，据说是为了让死者早一点获得“家仙”的承认，很快就可以成为他们队伍中的成员。触地，有通地气，向土地汇报的象征意义，其实也有“入土为安”的传统思想在里面。死者放在地面上，由直系亲属为死者衔牙。

将一点米饭、猪肉还有一枚硬币填入死者口中。通常还要说上几句话，如：“布（妮）（意思是爹或妈），多吃点啊，免得路上挨饿啊。”说得很动情，让人听了就会潸然泪下。最后用一条七尺长的白布半垫半盖裹身，放入棺木里，入殓时，死者的脚一定要向着棺材头，棺材头雕刻得就像花瓣硕大的莲花，死者脚踏莲花，即可升入天国。这和佛经里面说的，西方极乐世界的人都是从莲花里生出来有相同的含义。

到舅家报丧之后，当天下午，就要请师公来帮“开路”。“开路”是请神把死者的灵魂带到阴间，请天仙把死者的灵魂带上天的一种仪式。在这个仪式中，师公要唱《开路科仪歌》，这首古歌用仫佬语唱，有比较丰富的生活内容：

此时正利时，渺渺飘香烟，
儿女披麻戴孝，执幡在灵前。
灯光亮堂堂，父（母）归西为仙，
喊天天不应，儿女泪涟涟。
斋席已办成，此时把路开。
叫声你土地，请把耳朵听，
你在哪安身？你在哪里沉？
天下路多多，上哪条询问？
天下几大洲，上哪洲去请？
告声你土地，千人万人请，
慢去领别筵，先进我家门……
若土地来问，我再喊三声，
一念你土地，有请百二人。
若有人喊你，我家先去请，
先到我家来，慢去领别情。

告声你土地，劳烦你老人，
跑遍天地间，去把众神请。
出门要骑马，烟斗当拐棍，
天黑不见路，点灯来照明，
打符筶去请，撒白米去问，
香根点在前，本星把你引，
水浅踏过去，水深用船乘，
石板来架桥，让你好通行。
完成众天仙，还有众家神，
有的在庙街，也烦你去看，
个个都请到，不给漏一名。
地炮响三声，邀你带进门。

“打斋”这个阶段，时间至少一天，每增加一夜称为一“周”。其标志是在死者村前竖幡：一“周”竖一条白布，两“周”竖一白一黑，三“周”竖两白一黑，四“周”竖两白两黑。

道场中，师公要替死者忏悔。仫佬族的《忏罪歌》不仅是为死者忏悔，也是给生者一个训诫。

到了深夜三点钟，师公还要让死者的儿女过奈何桥，一般在停棺的地方搭一高塔，用长凳子架过，盖上白布，即成为虚拟的冥间的奈何桥。过了奈何桥就忘记生前的一切，所以，这是一个人阴阳两隔的分水岭，今生他世的转折点。师公引导穿丧服的亲属登塔踏桥而过，敲敲打打，歌声不断。师公唱起《哭丧歌》、《吊丧歌》等，一个唱，另外一个发出低沉的和声，此时丧葬礼仪已到关键时刻，歌声凄紧，乐声凄凉，加上那时候夜已深，灯火昏黄，露水已重，此情此景，听《哭丧歌》、《吊丧歌》者，无不掉泪。那个伴唱和声的，好几次几乎都是哽咽的声音，好像是断了线，不一会，又续了起来，非常动人心弦。孝男孝女被师公深夜的唱词和音调击中心灵，联想起死者生前的艰难，如今阴阳两隔，泉路渺冥，悲从心起，哭成一片。这是仫佬族丧葬礼仪中最感人的一个场景。因此，这一阶段的丧葬民俗称为“深夜的歌谣”。

◆1.“走坡”与《走坡组诗》

◆2.婚娶三部曲

◆3.三双过门鞋

◆4.一模一样的送嫁十姐妹

◆5.斗才斗智的拦门歌

◆6.欢乐的歌堂

第五章 深情的婚曲恋歌

1. “走坡”与《走坡组诗》

“走坡”是仫佬族男女青年的传统社交方式，在坡场上进行广泛的接触、交流，以歌为纽带，交朋友、传知识、叙情爱。

“走坡”的季节为春、秋两季，最隆重的为春节和农历八月十五的中秋节（又称“走坡节”）。

每到“走坡”时节，后生、姑娘们便三三两两结队做伴，身着盛装，头戴草帽，汇集到坡场上。他们（她们）在人群里穿插着、寻觅着，一旦找到唱歌的对象之后，便相邀到风景优美的草坪、坡地、岩脚等处盘歌对唱，摆起歌台。也有约定俗成的歌坡，如东门、黄金、小长安三乡交界的城角洞（又称花源洞），便是罗城最大的歌坡。青年男女双双对对来到歌坡，以歌为媒，交结了“同年”（情人），互赠礼物，长期相爱，最后托媒传讯，结成夫妻。

大路上，赶圩的人熙熙攘攘，一群后生盯上了前头的一群姑娘，他们冲着姑娘的背影开声唱道：

一路唱歌一路来，
一路拿花一路栽；
好花一年开一次，
哪有红花四季开？

看见姑娘们没有反应，后生们又接着唱：

行路遥遥唱支歌，
面前有对好娇娥；
面前有对娇娥妹；
我想邀她唱山歌。

调皮的姑娘还是装成没有任何反应，后生们实在忍不住了，又开口唱道：

田中白鸭是谁鸭，
塘里白鹅是谁鹅？
红花结头哪村妹？
我想邀她唱山歌。

唱到这般地步，姑娘们不能不作出反应了。她们讲了一阵子悄悄话后，唱道：

听闻人唱我且唱，
听闻人吹我且吹，
十字路口人唱戏，
我且打扮上戏台。

姑娘们开口了，后生们马上接唱：

好难盼，
难盼鲤鱼上滩来，

仫佬族青年女子　蒙玉祝　摄

难盼画眉叫一句，
难盼妹俩金口开。

姑娘还道：

装鸟无套怎上山？
打鱼无网怎下河？
可惜我俩生来笨，
肚里无才怎唱歌？

远远听闻树叶响，
不知落雨是翻风，
真是有心同妹唱，
还是自己解闷空？

听闻人唱我亦唱，
听闻人歌我亦歌，
十字街头买麻团，
问歌有心亦无心？

这样，后生和姑娘便联系上了。然后，他们相邀到一处清静的地方，继续对唱。

后生们早就想好了对策，一开始，他们就投石问路：

初来连，
初初来到桂花园，
初初来到花园垌，
不知花爱是花嫌？

姑娘们很快就作出了回答：

今日出门面向东，
路上逢着弟英雄。
有缘千里来相会，
无缘对面不相逢。

后生们用其高亢、清亮的歌声，表达他们对姑娘的爱慕之情：

地上逢水就喝水，
山上逢花就喝茶。
今日“走坡”有缘分，
遇着阿妹一朵花。

遇逢妹，
好比蜜蜂遇逢花。
蜜蜂逢花前来采，

情哥逢妹不回家。

姑娘们还歌道：

水解渴来茶解油，
山歌能暖妹心头。
人慕歌仙刘三姐，
三姐不如后生哥。

渐渐，双方有了结交的意愿了，为了进一步了解情况，于是又唱起了《问村歌》：

望妹开言报我真，
生辰八字和年庚，
何村何姓何名字？
哪日得空我去寻。

姑娘巧妙地将与对方不同村屯告知对方，（因为同村，往往共祖，是不能对歌谈情的）却不说出姓名来：

你村打鼓你村响，
你村卖茶我村香，
不共社堂不共庙，
共条河水煮米粮。

经过多回交流之后，双方唱起社交场合中唱的情歌：

男：好花莲，
好花长在藕塘间，
我想上前摘一朵，
又怕塘深被水淹。

女：初来连，
初初来到桃花园，
初初来到花园屯，
不知哥爱是哥嫌？
男：隔河观花花有情，
心想过河怕水深，
心想变鸟又无翅，
心想变鱼又无鳞。
女：高山还有人修路，
水深自有渡船人，
牛郎织女来相会，
银河架桥来通行。
男：妹是好花园中栽，
花高墙矮露出来，
心想伸手摘一朵，
花高人矮攀不来。
女：哥莫忧，
这种想法欠思量，
墙高人矮攀不到，
妹架楼梯等哥来。

歌越唱越欢，情越交越深，然而，歌要留人天不留。夕阳西下，夜鸟归巢，双方只好唱《算日歌》，相约下次再会的地点、时间。

男：凭妹算，
凭妹算哥哪日来，
哥算又怕天下雨，
下雨路滑妹不来。
凭哥算，
凭哥算妹哪日来，
哥算初一我也到，

若算十五妹也来。

经过一番相互推让之后，后生唱道：

妹花枝，
妹若有心算后好，
妹哄爹娘去买布，
我哄爹娘去买书。

实际上具体的日期后生们一开始就想好了，但自己却不讲定，把它推给姑娘，交代她们定下日期。这是十分巧妙的一种社交策略。

日子定下后，双方还不能马上分手。因为怕空口无凭，双方必须互赠一件东西作为“定物”。

在索取“定物”时用歌来问：

空讲日子哥不信，
拿件东西下定先。
你看街上人买马，
没有笼头哪样牵？

“定物”大都是小镜子、手帕、雨伞、草帽之类的随身物件。在互换“定物”时，调皮的姑娘推三阻四：

真不该，
出门一样不带来。
镜子手帕打忘了，
只有脚底烂草鞋。

后生们快口快歌，马上答道：

哥不论，

不论脚底烂草鞋，
妹若有心送给我，
日里得穿去砍柴。

最后互换了“定物”，双方才依依不舍地分别，唱起《分离歌》：

男：难舍妹，
蜜蜂难舍桂花开，
凤凰难舍梧桐树。
山伯难舍祝英台。
女：暂别离，
暂别阿哥情依依，
妹似天宫七仙女，
天山人间心如一。

日期和地点定下之后，两人下次便可直接到约定的地方去。来的时候难免有先来后到，先来的每每要嘲弄后到的一方，如“哥在家中陪伴嫂”，“妹在屋里陪伴郎”之类。这时，大家都表白自己是单身，唱《单身歌》：

女：岭上黄茅根对根，
零零丁丁我单身，
我是单身来连哥，
望哥连我得成人。
男：妹讲单身我不信，
我讲单身才是真，
不信妹到我家看，
独个板凳独个墩。
女：独打独来独打单，
独个画眉在深山，
独个画眉深山叫，
早叫孤寒晚叫单。

男：自己喝水自己斟，
自己关门自己开，
自己铺床自己睡，
自己犁耙自己栽。
女：单身忧，
好比江边百草头，
春天又怕水来泡，
冬天又怕火烧蔸。
男：不讲单身都还好，
讲到单身泪纷纷，
上头无帽冷到脚，
脚下无鞋冷到心。

唱完《单身歌》之后，双方的感情更加融洽，相互之间产生同情、怜悯之心，于是，双方唱《望双照顾歌》：

种竹就望竹出笋，
种树就望树遮阴，
连双就望双照顾，
望双照顾我成人。

时间在悄悄流逝，又是一个夕阳西下日，双方难舍难分，低声吟唱《分离歌》：

离了情，
路在前边不想行，
日头落了有月亮，
我愿陪双到天明。

送了一程又一程，双方依依不舍，后生们唱起《送双歌》：

送双去，
送过一山又一山，
送到路口双去了，
留哥进退两头难。

姑娘接着唱：

赌哥送，
赌哥有心送到家，
哥若有心送到屋，
母鸡带仔也杀它。

后生接唱：

送双去，
送双回去看双家，
人讲双屋实在好，
画龙雕凤又刻花。

送了一程又一程，最后两人终于依依不舍地分手了。分手时，约定下一次相会的地点、时间。再次相会时，一见面就共叙思念之情，唱起《想双歌》：

结个“同年”在远乡，
日头未出就思量，
五更架梯墙头望，
望见双村路远长。

想着十几妹花球，
画妹面容在床头，
三餐吃饭跑去喊，
双不能言我泪流。

经过多次接触，多方了解，男女双双结成了“同年”。于是，互赠“信物”，定下情缘。姑娘赠白底绒面鞋给后生，后生回赠丝绒草鞋。如果是中秋佳节，还买月饼相送，称为“同年饼”。双方唱《多谢双歌》：

女：种竹就望竹出笋，
种木就望木成林，
过河就望有船渡，
送双就望有情人。
男：八月十五同赶街，
哥送月饼妹送鞋，
哥的月饼花钱买，
妹的鞋子手脚来。
女：饼儿方方饼儿圆，
饼面光光饼心甜，
见月怀人谢哥意，
饼甜不如哥心甜。
男：鞋儿尖尖鞋儿长，
鞋底扎实鞋面光，
千针万线情不尽，
朝思暮想谢“同年”。

渐渐地双方都觉得生活中少不了对方了，便唱歌求婚。求婚前，大都再次试探对方，往往后生先唱《试探歌》：

田里有水又添水，
田基有泥又添泥，
妹郎仍在又添我，
三人怎样结夫妻？

姑娘马上回答：

三月种田大家去，
一人耙来一个犁，
还有一人送早饭，
田头排坐笑眯眯。

多么巧妙的回答呵！姑娘把将来的生活用歌声勾勒出来：夫妻双双忙种田地，儿子送来早饭。到这里，恋爱阶段接近尾声，后生便请媒人前往姑娘家求婚了。

“走坡”是仫佬人终生难忘的人生阶段。

仫佬族诗人包玉堂的《走坡组诗》成为仫佬族文学史上的名篇。摘其中《少女小夜曲（明天她将第一次去走坡）》和读者共同欣赏：

今夜的月光皎洁如银，
屋边的流水清澈如镜，
没有人语也没有出声，
啊，睡去的村庄多宁静……

睡去的村庄多宁静，
我却不愿熄掉床头的小灯，
激情使我全身发烫，
我要站在窗口吹一吹夜风。

站在窗口吹一吹夜风，
让这颗激动的心慢慢平静，
可这是怎么一回事啊？
凉风越吹心儿越跳得凶！

凉风越吹心儿越跳得凶，
我想象着明天“走坡”的情景：
和我结交的一定是一位漂亮的后生，

太阳一样的脸，清泉一般的眼睛……

太阳般的脸，清泉一样的眼睛，
这是一位多么理想的爱人……
哎！我怎么尽这样的胡思乱想，
谁知道我交上的是怎样的人？

不知交上什么样的人，
想着想着我脸儿热到耳朵根，
双手蒙脸我伏到窗台上，
却又偏偏碰着新买的小圆镜。

偏偏碰着新买的小圆镜，
我又轻轻把它拿到手中，
在窗台下对着月光照了照，
我的脸比后塘的莲花还红。

我的脸比后塘的莲花还红，
明天把镜儿送给心爱的人，
镜背有我新照的一张照片，
谁得了它就得了我的爱情。

他接过我的小圆镜，
不知用什么回送相爱的人？
是一对彩线编织的鸳鸯鞋，
还是一包黄鲜鲜的“同年”饼？

我想呀想呀不禁笑出声，
啊！窗外夜空滑落了一颗星星；
今夜我再也不能入睡了，
就站在这小窗子下等待天明……

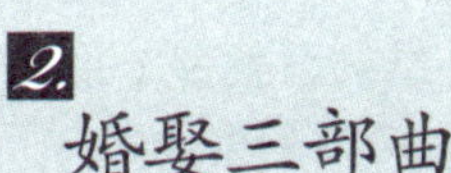

2. 婚娶三部曲

说媒、订婚和结婚构成了仫佬族婚娶民俗的三部曲。

说媒

男家相中某一女子，便请媒人前往女家询问。如果女方父母同意结这门亲事，便把她的生辰八字交给媒人带给男家。男方父母收到后，先将八字押在香炉底下，经过九日，在此期间如果不发生鸡乱叫、打烂器具等意外迹象，便可进行"合八字"，请算命先生算命，如果男女双方的八字不相克（如水克火，火克金等）而相合，便可以订婚，否则，男方家退还八字，这门亲事便告吹了。

订婚

双方八字相合，男方留下八字，送两斤猪肉到女家，作为"暖婚"。随后媒人与双方商定，男方带上猪肉八斤、阉鸡一对、两壶酒、财礼钱若干前往女家订婚。订婚后，由算命先生选择黄道吉日作为婚日，然后另择吉日上街为女方购衣料缝制新衣。

结婚

婚前男家委托媒人到女家商议财礼银。婚前一个月，男方必须“解礼”，即遣媒人携带猪肉四斤和半数财礼银以及所择各项吉日（新娘嫁妆布料的开染日、开剪日、迎亲日等）通知女家。有的地方于婚前二十天，将全部财礼银送去女家，称为“过礼”。

接亲的人行至女方村外时，女方村中的青年男女在村外设卡“拦门”，把接亲客请到凳上，敬茶，唱《拦门歌》。接亲客唱《拆门歌》，回答一系列难题。如果接亲客能够逐一回答，拆了门，便可进村，不然的话就要一直问答下去，直到晚餐时分，女家派一位长者出来打圆场，唱《和解歌》才能进村。

女家在这天设酒宴接待接亲客，并请房族、姻亲、送亲客作陪。酒宴后，女家挑选男女两位青年歌手，陪伴接亲客的男女两位歌手开设两处“歌堂”，聚集村中的男女青年作陪，男客女陪，女客男陪，一唱一和，直至天明。歌词的内容丰富多彩，主要是互相奉承歌、古条歌（即故事歌）、互相请难的盘歌。

3. 三双过门鞋

仫佬族新娘在过门这一天要穿三双新鞋。穿鞋的场合十分讲究。

过门这天早上，新娘在闺房里穿上一双新的白底布鞋，由家中长兄背出家门，众位送亲姐妹陪同前往男家。到了新郎家的村头，送亲队伍停了下来，新娘的一位至亲姐妹从挂包里取出一双白底新布鞋，把新娘脚上的那双布鞋换下来。到了新郎家的大门前，队伍又停下，新娘的至亲姐妹又取出一双新的白底布鞋让新娘换上。

民间认为，这样连换几次鞋，表明姑娘从降生到今天入夫家，洁白无瑕，心地纯洁。

仫佬族绣花鞋　张琪琪　摄

4. 一模一样的送嫁十姐妹

“送嫁十姐妹”是仫佬族嫁娶民俗中十分有趣有特色的民俗事象。姑娘出嫁的前一个月，本村的同辈姐妹，自愿组成一个十人小组，来到姑娘家日日夜夜地陪伴着即将做新娘的姐妹，一起帮她做鞋子、缝衣服、办嫁妆，直到出嫁日送到夫家为止。她们形影不离，亲似同胞，衣着相同，还很难分辨出谁是新娘呢！贺客有歌这样唱：

实难辨，
一色衣来一色鞋，
十个姐妹一个样，
不知哪个是新娘！

实难辨，
一样打扮入洞房，

神仙来点鸳鸯谱，
李代桃僵也不知。

日落西山满天霞，
不知哪个是亲家。
婚姻不是吃水果，
香火台前一把抓。

众亲姐妹送嫁来，
新娘女伴应分开。
新郎欲说悄悄话，
当众面前理不该！

出嫁那天，伴嫁的姑娘很多，别的女伴可以衣着各色衣服。十姐妹却必须与新娘穿同样的“同年鞋”，穿一色的“送嫁衣”，撑一样的“姐妹伞”，剪同样的发式，结同样的辫子，结同样的头绳，走的步子、姿态也几乎同一个形式。到了新郎家里，十一个姑娘往往是一拥而入，贺客很难分辨出新娘是哪一位。

仫佬族送嫁十姐妹　张琪琪　摄

5. 斗才斗智拦门歌

新郎家的村头，在婚礼那天聚满了男女老少众乡亲。放哨的后生仔飞奔而来，组成“歌卡”的小伙子便迎了上去。他们装着若无其事的样子，有的坐在村头的小河边、大树下，有的在马路上嬉闹，当送亲队伍接近时，悦耳的歌声便飞向对方：

见妹走路笑眯眯，
是走亲戚是赶圩？
走亲不见挑米担，
赶圩手上无东西。

丢块石头试水声，
吹口哨子开口问：
众家姐妹为何事？

今日来到我们村。

歌声一起，送亲的姑娘们便知道前边就是“歌卡”了。她们很快就聚拢一堆，商量了一阵子之后，便以歌作答：

不走亲戚不赶圩，
心有喜事笑眯眯，
送亲姐妹到门口，
有劳报与亲家知。
树上喜鹊叫喳喳，
喜事降到贵村家，
众家姐妹送亲来，
阿哥知礼应端茶。

后生们接着唱：

送亲姐妹不辞劳，
过山过水又过桥，
翻山越岭又过坳，
情深义重送亲到。

送亲姑娘答道：

从小练成铁脚板，
日行万里嫌轻松，
任它山遥和路远，
苍天不负有情人。

后生们在前边唱歌引路，送亲的队伍在后边和歌前行。“问歌”是一种引接姑娘们进村的礼仪，是迎新娘与伴娘进入“歌卡”的方式。后生们“问歌”问姑娘们从哪里来，为何事而来，一路上调到什么东西；姑娘们一一回答。接

近新郎的家了，“歌卡”就设在大门外，这时，姑娘们开口唱到：

喜鹊喳喳叫枝头，
过河过桥喜悠悠，
百里峒场不嫌远，
哪怕再走九十九（里）。

小伙子停步拦在新郎家的大门外，山歌擂台正式摆起，唱赢了才能进去。这时，新郎家将凳子、茶水端出来，让送嫁女坐下边喝茶边唱歌。

“歌卡”的第一项活动是“盘歌”，即由后生们唱歌盘问对方，对方依题而答。

男：什么无心生枝节？
什么有眼不玷污？
什么到死丝方尽？
什么成灰泪始干？
女：竹子无心生枝节，
莲藕有眼不玷污，
春蚕到死丝方尽，
蜡烛成灰泪始干。
男：什么生来不吃奶？
什么生来没有娘？
什么开花不结籽？
什么结果不开花？
女：鸡仔生来不吃奶，
鸭仔生来没有娘，
芭芒开花不结籽，
杨桃有果不开花。
男：什么有马行千里？
什么有土种庄稼？
什么有人非你我？

什么有水养鱼虾？
女：也字加马行千里，
有土变地种庄稼，
有人是他不是我，
有水成池养鱼虾。
男：什么左看三十一？
什么右看一十三？
要是两边合起来，
正是三百二十三。
女：非字左看三十一，
右边看一十三，
要是两边合起来，
正是三百二十三。

唱到妙处，围观的人便会喊出“喔吁”的声音叫好助威。

姑娘在几个回合都能对答如流后，问歌权便转移到她们这边了。

女：什么相亲七排排？
什么河上飘下来？
什么结果果挨果？
什么风吹百花开？
男：天上七星七排排，
竹排河上飘下来，
葡萄结果果挨果，
春风吹来百花开。

在盘歌中，如果对方答不上来，则问方自答，于是，胜败便分晓了。如果是姑娘赢，后生们便拆掉“歌卡”，开绿灯放行，拦门歌宣告结束。如果唱得楚汉难分，送亲的姑娘被拦住的时间过长，新娘就由至亲姐妹一至三人陪同，先进新郎家中。伴嫁娘如果一直唱到半夜仍赢不了后生，新郎家便端出饭菜，让她们边吃边唱。

6. 欢乐的歌堂

婚礼主宴在男家进行。

闹歌堂把婚礼活动推向高潮。闹歌堂从“贺主家”开始，在洞房内外男女青年便摆开了擂台。常常是男方先开口放歌：

门前阵阵爆竹响，
送亲姐妹入厅堂，
今日主家迎新妇，
亲朋恭贺喜洋洋。

恭贺新郎和新娘，
良辰吉日结成双，
天缘巧合鸾配凤，
百年夫妻恩爱长。

良缘缔结不用媒，
佳偶天成自相联，
百年偕老互敬爱，
五世其昌劳动来。

客主相互恭贺、答谢之后，男方歌锋一转，唱起了《劝唱歌》：

今日主家办喜事，
人满堂中路不开，
大家空坐也烦闷，
干脆立起唱歌台。

爱唱山歌把口开，
爱吃樱桃把树栽，
哥已有心把态表，
妹若有意唱起来。

请妹唱歌妹不唱，
请妹还歌妹不还，
良宵易过夜雾散，
见天容易见哥难。

姑娘们还歌后，整个厅堂顿时热闹起来。所唱内容丰富多彩，有古条歌（即故事歌）、盘问歌等。双方斗才斗智，既赛歌的内容，也赛歌的形式，比谁唱的内容丰富，谁唱的形式多样。到了半夜，老人、孩子都去睡了，剩下来的男女青年便唱起了情歌。

男：如今行过葡萄山，
葡萄结籽藤弯弯，
老人得见低头过，
后生得见伸手攀。

女：葡萄结籽藤弯弯，
伸手去摘并不难，
只要阿哥有情意，
满山葡萄任你挑。
男：好花鲜，
好花长在别人园，
哥想移朵园里种，
只怕前世无姻缘。
女：好花红，
好花长在妹园中，
如若移去哥园种，
哥勤淋水花更红。

次日凌晨，闹歌堂活动接近尾声，以唱《散坛歌》落下帷幕。

男：唱了一夜到天亮，
恩爱山歌唱不完，
来年春暖花开日，
再摆歌台唱联双。
女：等到阳春三月开，
同哥坡上喜相逢，
新情旧意尽情唱，
天亮唱到星满天。
男：日出唱到月亮圆，
心心相印唱同年，
今日良辰迎淑女，
来年便是凤求凰。
女：日出唱到日升天，
一夜唱歌喜盈盈，
今日鸳鸯双交颈，
来年鸾凤双和鸣。

仫佬族少女

第六章 五彩的民族服饰

1. 蓝靛布衣

仫佬族男子穿对襟上衣、长裤，年老的穿琵琶上衣。老年人戴硬沿平顶“碗帽”，青壮年头扎一丈二长的头巾。头巾从左到右一层层盘卷在头上，看起来十分大方和庄重。妇女不论已婚未婚，都穿花边阔袖的大襟衣，下穿花边筒裤或者宽脚长裤。老年妇女多喜欢用青布包头，腰上系一条青色的围裙，裙脚织有一段很精致的网，网下边垂有流苏。围裙系带极有特色，长约两米，宽七厘米，仫佬族服饰上面是黑白两色棉线织成的非常细密的几何图案。系带两头也留有网状丝络，十分飘逸。通常织一条系带得花上一个月时间。仫佬人喜欢简单、庄重、淳朴、大方的服饰。仫佬族的男女平常劳作和生活多穿草鞋，只有逢年过节、走亲访友时才穿布鞋。男子穿双梁或单梁的方头布鞋，女子穿单梁、尖头、翘底且鞋头绣花的船形鞋。小孩子穿紧身窄袖衣，头戴无顶绒绣花帽，帽子的前沿饰以银质或铜质的小佛像和小铃铛，走起路来或者跑起步来，叮叮当当，银光闪烁，小孩子顿时增了几分灵动天真，非常可爱！

作为衣料的蓝靛布，仫佬人亲切地称为“家布”。种了棉花，纺了纱，

仫佬族姑娘　李　桐　摄

仫佬族姑娘　张琪琪　摄

上机织布，制成布坯。每匹布通常长约二丈，宽一尺二寸到一尺四寸。将布用清水洗干净，晒干，然后投入蓝靛染缸里，经过三十天左右的反复染晒，使蓝靛色彩分布均匀，再用薯莨的汁水浸泡好几次。布匹经薯莨的汁水浸泡后晒干，颜色呈青蓝并带有紫红色。再用米汤、牛胶糊在布面上，然后经过阳光暴晒，使染色胶结黏固，布质硬括。最后一道工序是拿到仫佬人的踩布石下面反复辗滚，布面于是神话般地变得平滑细腻，闪闪发亮起来。

仫佬族妇女　张琪琪　摄

五十岁以上老人的防老衣，姑娘们出嫁时的嫁衣，走坡歌会上送给情郎的“同年鞋”，都是用这种耀眼亮丽的蓝靛布做的。

《广西通志》载：“宜山（今宜州）姆佬即僚人，服色尚青……”爱穿青色是仫佬族服装的特色之一。

2. 送嫁衣

送嫁衣是仫佬族姑娘在出嫁之前，用蓝靛土布精工制作而成的服装。每位仫佬族姑娘大都有两三套送嫁衣。这种衣服由于做工精致考究，工期长，原材料不易获得，因而平常的日子很少穿出来，只有当她出嫁时或做伴娘送嫁时，才从箱柜中拿出来穿，穿过之后又珍藏起来。

仫佬族青年女子　蒙玉祝　摄

3. 寄托深情的“同年鞋”

“同年鞋”为仫佬族姑娘的信物。姑娘渐渐长大了，到坡场上“走坡”寻找意中人的日子越来越近了，她便悄悄地闭门做鞋，将自己的一片纯情缝在鞋子上。“同年鞋”做工精细、考究，积聚了姑娘的全部智慧和工艺水平。在坡场上，以歌传情，如果双方都满意，姑娘便将“同年鞋”赠送男方，表示对他的深深的恋情。如山歌所唱：

送哥一双黑面鞋，
千针万线细思量，
哥若有心仔细看，
行行都像并蒂莲。

“同年鞋”用白布做底，蓝靛布做面。先将几十层白布剪成鞋的底样之后，用糨糊一层层粘起来，再用白棉线一针一线打紧打牢。打鞋底要求横看成行，竖看成排，针眼口大小一样。然后用蓝靛布制成鞋面，与鞋底紧扣。最后放进蒸笼里蒸煮十几分钟后取出来翻底晾干。

仫佬族女孩子从十来岁就开始学做这种鞋子，因为“同年鞋”也是小伙子选择对象的条件之一。如果姑娘的“同年鞋”做工十分精巧，样式非常出众，即使她长相差一点，小伙子们也会紧追不舍。

绣花鞋 蓝 云 摄

4. 未婚标志的鞋

草鞋是仫佬人喜欢穿的。仫佬山乡的草鞋品种繁多,如天河、怀群的九层皮草鞋，黄金、四堡的牛筋榔草鞋，桥头的龙须草草鞋，小长安的竹壳草鞋，乔善的烂皮藤草鞋，张村的黄麻草鞋，龙岸的禾秆心草鞋等。在式样众多的草鞋中，竹麻草鞋最具特色。大罗村罗姓仫佬人男女老少都是织草鞋的能手。他们根据日常生活的要求，用竹、麻编织出舒适、耐用的草鞋。

竹麻草鞋的制作方法是这样的：将嫩竹砍回来，放到火上烤软，然后用刀刮皮、抽丝、轻捶、晾干。制作时，用根腰带、一张弯弓、一把小凳，凳前一个“丁”字形小架子，架子上挂上四根麻纲，先织鞋头，再织鞋身，安上五个鞋手，最后留下连着鞋身的两个鞋梁，分别穿过鞋手，一双草鞋就做成了。

除竹麻草鞋之外，还有棉线草鞋和绒线草鞋。这两种草鞋多为仫佬族青年人穿用，因而其制作比较讲究。棉线草鞋鞋底用布做，鞋面由白棉线编织而成，是男青年“走坡”、赶圩时穿的。绒线草鞋鞋底也用布做，鞋面用五颜六色的丝绒编织，前面有一个大绒球，是女青年“走坡”、赶圩时穿的。棉线草

仫佬人巧手制作的鞋 蓝 云 摄

鞋和绒线草鞋是未婚仫佬族男女青年的一个重要标记。在“走坡”的坡场上，男青年遇到心仪的女青年，如果见她穿绒线草鞋便知是未婚的姑娘，如果见到她是“鲤鱼腮”发式便知其为已婚而不落夫家的新媳妇；对前者，未婚男青年可以唱歌求爱，对后者便不可以了。

5. 不落夫家“鲤鱼腮”

女孩子十一岁以后，开始让头发长到头盖骨的最边缘，让头发盖住额部而齐眉，其余的头发一律梳往后脑结成一条长辫，用红绳把辫头和辫尾扎紧。年满十六岁后，作髻梳“挂”式发型。其发式为：将头发分为前、后、左、右、中五簇。前簇偏于前脑，头发较短且少，剪齐披覆在额头上，称为“短挂”。中簇偏于脑后，留有茶杯口大的头发一束成绺，盘绕结成椭圆形的发髻于后脑。左右两簇和后簇自然垂“挂”，左挂右挂的头发分别覆盖在两颊，发梢垂在胸前，后挂头发披在后背上。出嫁的时候，除了盖住额眉部分的头发保留原状外，左、右挂头发都散开垂在两颊，头顶和后脑部分的头发，仍然梳往后边结成辫或收结在后脑勺结成一个大髻。有的干脆让头发绞成一团，留在后脑并用一根发簪插住，梳成“巴巴髻”。这一时期的妇女发式正如山歌所唱：

教妹乖，
教妹梳头莫梳歪，

后头留个巴巴髻，
两边梳起鲤鱼腮。

留“鲤鱼腮”是非常重要的。但留“鲤鱼腮”的时间不长，只限于出嫁而不落夫家的一两年内留此发式。所以，一见“鲤鱼腮”便知这女子是已婚而不落夫家的新媳妇。女子出嫁那天，在髻上还要插一朵银花。有了小孩以后，可以让丈夫或别人把自己的整副面孔看清楚了，便梳“蓬头式”，即前挂头发留下近额处的一檐，剪齐披在额头上，开头如同刘海，其余的部分与中簇后挂一起交结起来，作发髻挂在脑后面，左右两挂（即“鲤鱼腮”）理成片梳，由鬓下顺势曲向后脑，再将发尾绞结起来，绕在发髻的根部。

6. 猫头帽

猫头帽是仫佬族儿童喜欢戴的帽子。两岁以下的小孩子普遍戴此帽，因形似猫头而得名。其做法：帽的前面用几片布剪成猫头形或者莲瓣形，先用五彩线把猫头或莲瓣的形象绣出来，再用一寸半宽表里两层的长条布片缝成圆箍，把上述图案连接起来，形成前满后空的凉帽，以备春秋两季使用。到了冬季，用布缝成袋状，前边附上猫头或莲瓣，或者另绣其他图案花纹，再钉上一些银制饰品（如八仙、罗汉之类）。

7. 独具风韵的麦秆帽

麦秆帽的来由有一个故事：

传说在很久很久以前，仫佬人靠挖煤为生，女孩子也要下到很深很深的煤窑——“老鼠洞”里干活。日子长了，姑娘脸上积结了一层一层的煤粉，久而久之，雪白的瓜子脸都变成“包公脸”了。她们从煤窑里出来赶圩，常常被人小瞧，甚至到了出嫁的年龄都没人要，人家嫌黑煤窑的妹仔不漂亮。一天，黑煤窑的妹仔勒乜从煤山回家，路上见一位骑着大白马的官人头戴一顶洁白色的帽子。帽子太美了，使得勒乜待官人远去不见踪影了仍呆呆地望着。回到家里，她一夜都睡不着。她想，那官人的帽子与露在帽外的一绺黑发黑白相映，是那样地协调，如果姐妹们也有一顶这样的帽子，配上微黑的圆脸盘，一定很漂亮。可是，我们挖煤的妹仔哪有钱买那种帽子哟！左想右想，最后想出自己编织的办法来。当时正是麦收季节，勒乜熬油灯连夜编帽，一次一次地失败了，过了十五天，麦秆帽终于编成了。可是，勒乜又犯愁了，人家的帽子白爽爽，而自家编的帽子黄

头戴麦秆帽的仫佬人

泱泱。怎么样才能将帽子变白呢？想了又想，终于想到了石灰。对，用石灰水来泡！石灰是那样的白，能把麦秆泡白的。经过多次试验，终于找到石灰水煮麦秆能增白的办法。勒乜编织的麦秆帽成功了。这消息一传十，十传百，不久就传遍了仫佬山乡。于是勒乜家热闹起来了，她顾不上下煤窑挖煤，只顾专心致志地教同胞编织麦秆帽。来学习的人走了一批又来一批，春去秋来，仫佬山乡到处都会编织麦秆帽了。渐渐地仫佬山乡便形成了一个规矩，姑娘如果不会编织麦秆帽，就不能出嫁，哪个时候会编了再离开娘家。从那个时候起，仫佬族妇女仫佬族姑娘就为四乡八寨小伙子追求的对象。因为她们那样心灵手巧，那样美丽。你看吧，椭圆形的脸，配上一顶雪白的做工细致的麦秆帽，显得格外可爱。不光是本民族的小伙子踏破姑娘的门槛，就那些汉家、壮家的小伙子都纷纷来仫佬人家求婚哩！也就是那个时候起，仫佬族与外族通婚了。

仫佬山乡盛夏的节日，可以说是仫佬人的麦秆帽世界。一群一群、一队一队的仫佬族青年男女从四面八方涌向圩场，头上戴着的麦秆帽，手中提着、肩上挑着的都是一串串麦秆帽，似一朵朵盛开的白花。集市上摆放的麦秆帽，规格众多，品种多样，应有尽有。有山歌唱道：

麦秆洁白麦帽圆，
走龙飞凤妹手编，
此帽不是无情物，
戴在头上暖心间。

8. 杨梅竹帽

仫佬山乡有两种帽子最出名：一是麦秆帽，一是杨梅屯的竹帽。杨梅竹帽早在一百多年前已扬名大长安（今融安县城长安镇）、融水、宜州、柳城等地了。

杨梅竹帽工艺精巧，品种繁多，有方眼帽、六角眼帽、圆顶帽、尖顶帽、放鸭帽、小人帽等品种。帽子轻便大方，用途广泛，既可遮阳，又可避风挡雨。

杨梅屯位于群山之中，这里到处是翠竹。路旁、树旁、庭院、晒坪、草坡等处常可看到新竹帽和水煮竹叶摆出来晒太阳。这里家家户户都是竹帽作坊，人人都是能工巧匠。

杨梅竹帽的来历有一个传奇故事：很久很久以前，杨梅屯后山上长满了杨梅树，全屯林木掩映。可是从杨梅林中时常窜出老虎伤人害畜，搅得人心惶惶，庄稼种不好，家畜养不壮。有一天，全屯推举一位老人到庙里问龙王爷。龙王爷告诉他，因为屯后面的虎头山作怪，山壁上的两只虎眼虎视眈眈地盯着杨梅屯，它的精气常常化虎作怪。用竹子编两顶竹帽盖住虎眼，不让它望杨梅树，以后就会平安无事了。因为老虎害怕竹尖尖。老人带回消息后，全屯行动，编织了两顶大竹帽拿去盖住虎眼，从此以后，果真平安无事了。从那时起，在茶余饭后，全屯男女老少都动手编织竹帽，渐渐地形成了编帽习惯，个个练出了一套编织工艺技巧。据老一辈人讲，全屯编帽之风已有四五百年的历史了。

在很久以前，杨梅屯就立下了这么一个十分有趣的屯规：姑娘不会编竹帽就不能出嫁，小伙子不会编竹帽就不能娶亲，外村嫁来的姑娘第一件事就是学会编竹帽。这是因为编竹帽很早就成为全屯一项重要的家庭副业。

9. 巧手织就的草编艺术

白蓬蓬，软乎乎，精美耐用，花样繁多的草帽是仫佬山乡传统的手工艺品。在这里，姑娘们可以不会缝衣纳鞋，却很少有不会编织草帽的。

秋凉时节，金风送爽，稻麦归仓，编织草鞋的盛季到了。三村五寨的姑娘们纷纷出动。她们把一捆捆的稻麦秆采集回家后，精选出硬朗、无裂痕、无黑斑的上等材料，然后按颜色、型号分类，晒干待用。

当夜幕徐徐遮掩山村，月亮升起来的时候。在月华如水的晒谷坪上，姑娘们三五一群，围坐在一起编织草辫子。

刚在温水里浸泡过的草秆软硬适度，非常称心顺手。草秆溢出阵阵清香，连空气也是甜滋滋的。姑娘一边忙活，一边唧唧喳喳说着属于她们自己的有趣的事情。晒谷坪上一会儿是一阵窃窃私语，一会儿荡起银铃般的笑声。月光泻在她们的秀发上、衣襟上，泻在她们灵巧的双手上，泻在上下翻飞、银光闪闪的草秆上，简直分不出姑娘们是在编织着草辫，还是在编织着月光……圩日到了。在弯弯曲曲的山路上，欢快地行走着一队队肩挑草帽的姑娘，远远望去，就像一条银色长龙蜿蜒飞舞在青山绿水之间。

在仫佬山乡的农贸集市上，熙熙攘攘、热闹非凡。远方的客人们、各行各业的顾客们，在争先恐后地挑选着称心如意的草帽。是的，他们要把物美价廉的草帽带到远方，把这精美的草编艺术带到远方，也要把仫佬姑娘的美名带到远方……

在山乡，我们还会常常看到这样动人的情景——

小伙子要出远门了，阿妈送给他一顶草帽。这样，纵使他远行千里，也不会忘记家乡，忘记亲人。因为，声声叮嘱都织在草帽上了，纵使是刮风下雨，他也会安然无恙；纵使烈日当头，他也会有浓荫一片……

仫佬族妇女编草帽　张琪琪　摄

◆1.聚族而居

◆2.造屋礼俗

◆3.新衣新箩进新居

◆4.地炉暖全家

第七章 多样的居住民俗

1. 聚族而居

仫佬人居住的总体特征是聚族而居。同姓的大都住在一个村子里。如果一个村的居民虽同姓但不共祖的，也必须分段居住，相互不混杂。例如谢村居民，虽全姓谢，但远祖却是三个人（民间俗称三大户），因而三大户的子孙将该村分为上、中、下三段，界限分明。

仫佬族的村落多为背靠石山，面临田垌。村后的石山大多封山育林，村边有一些古树，点缀着乡村的风景。仫佬族的村落六十户以上的居多。村与村之间距离多在三五里以内。在20世纪40年代以前，每村都有围墙和闸门，巷道里面也是闸门重重，富有人家在庭院里还建有两层楼高的炮楼。

"冬"与"冬"之间绝不混住，而是非常有秩序地用一条巷子隔开。例如东门镇中石村大银屯住着银姓"四冬"和"五冬"，中央有一条笔直的巷道把两个"冬"隔开。四把镇大新村大梧屯，住着吴姓"二冬"、"三冬"和"六冬"，屯中有两条巷道，把整个屯分成三大块，历历分明，让人对每个"冬"的居住地一目了然。尽管中间有巷子，但并不影响整个村庄共一个门楼出入。村庄四周都是围墙，村庄里面，每个“冬”又有几条小巷子，每一家另外建有门楼，如果是几兄弟的话，可能会共一个门楼。有意思的是，家家都建有后门，只要打开后门，过一个巷道，就可以到另一家的前门，这种潜在的一体性和贯通性据说对躲避匪患和水灾很有效果。就这样，仫佬族的村落形成了一个复杂的整体。

整体里面分几个清晰的局部，每个局部又是一个小的整体。走进仫佬族村落，会为那环环相扣的格局感叹！在仫佬族情歌《进村歌》中也以唱的形式透露了民居特色：

夜里来到哥村庄，
四面八方有围墙，
有路入村无路出，
千回百转妹难猜。
利刀割水，
叫妹如何破得开。

这是巧用建筑特色来表达情感的一首山歌，十分生动形象。“千回百转”是情感的状态，同时是仫佬族建筑特色的表现。

因为是平地建筑，村落的房子普遍建得比较堂皇。山歌中屡有对此的赞美：

送旧去，
送旧回去到旧村，
人讲旧村实在好，
两边门楼画龙身。

送双去，
送双回去看双家，
人讲双屋实在好，
画凤雕龙又刻花。（“旧”、“双”都是仫佬族青年男女对歌时的昵称。）

“画凤”、“雕龙”、“刻花”、屋檐“挑手”下张开翅膀的蝙蝠雕，这些不仅是仫佬族民居装饰的重要特点，而且体现了这个民族对美的向往。

仫佬族民居　张琪琪　摄

2. 造屋礼俗

造屋是人生大事，每个环节都要认真对待。建造之前要做大量的备料工作，就像《起屋歌》唱的：

未曾起屋先办木，
未曾得砖先踩泥，
未曾盖屋先办瓦，
未曾上楼先办梯。

仫佬族民居——烤烟棚造房子的时候要请几个高明的砌墙师傅，至于运砖运石挑土这些体力活，村里面会有帮工。仫佬族有“换工”的习俗，你家有事他来帮，他家有事你来助，不计较报酬，只提供饭食。奠基时主家要在基址上祭祀天地神灵，把地基右前角的第一块石头放下屋基，压上一些钱币，其他三个角也如法炮制，仪式完成后师傅帮工们就可以开始热火朝天地垒砌基脚了。

师傅们眼盯墨线，手拿砌刀，把石头、砖块调动得左旋右转，敲打得呼啦啦直叫，碎屑纷飞，最后让它们服服帖帖、稳稳当当地垒起来。帮工们个个尽力，像盖自己家的房子一样，半点也没有磨洋工。《造屋歌》唱得十分生动：

不用妹请我也帮，
你挑砖来我砌墙。
左边砌起龙出海，
右边砌起凤朝阳。

这不仅说明了帮工这一习俗的存在，还高度赞美了仫佬族工匠们造屋的高超技艺。

砌好房子的四面山墙后，中堂悬挂一条横梁，这条横梁称为正梁。正梁上山墙是造房主标志性的大事，表示乾坤初定，只有少数房主家人在场，不欢迎其他人围观。用“家布”做成的背带系梁木抬上墙。使用“家布”背带一方面是因为这种布料比较柔韧，背带的系带也比较长，适合系物，另一方面有“代代相传”的深刻寓意。梁上挂稻穗、高粱、竹叶三角粽，还有一块红布，表示五谷丰登，日子过得红红火火。正梁上山墙之后，下一步就是举行“煞宴”仪式。主家先将自己种的谷子，自织自染的“家布”，自家的秤杆子、算盘、纸币、银币放到新房中堂楼上，请来亲朋好友和“冬”内六房，到了早上八九点钟，旭日红光照临村庄的时候，由一个有经验的工匠师傅穿上新衣、新布鞋，手拿大公鸡，撒一把大米，手拍公鸡喔喔叫，然后沿着山墙转一圈，每走到一面山墙顶端时都要朗声高唱《煞宴词》，并与主家一问一答。公鸡振翅高鸣，表示驱走凶神恶煞，保四季平安。

一把白米撒满堂，
荣华富贵建新房，
吉日良辰，
天地开张，
太阳高照，
万事荣昌！
……

鲁班面具 李 桐 摄

这个时候，主家和以“富贵一齐要”，亲友齐声和以“富贵双全！富贵双全”。场面十分热烈，把“煞宴”仪式推向高潮。接着师傅继续朗声诵道：

主家要富贵双全，
一要人丁兴旺，
二要富贵双全……

师傅走完山墙，绕到中堂右侧，按顺序，把主家事先放在中堂楼上的谷子、布匹、秤杆子等，以及砌墙用的墨线、砌刀、角尺等工具一一抛下山墙，主家满面笑容逐件接住，不能落在地上，否则被视为不吉利。接下来的东西要恭恭敬敬放在堂屋正中央。师傅带来的工具，主家要备全鸡、肉、酒、香烛供奉后，师傅才能拿走。这种对劳动和劳动工具的高度尊重的习俗很独特。师傅一边抛下东西，一边高声朗诵：“师傅降下红光线，儿孙代代出状元……”最后还要诵一段称为《下布箩》的词：“青龙送财送宝到家堂，财宝下山墙……”

至此，主家恭恭敬敬地俯身把师傅背下山墙。新房四周早已经准备好的鞭炮鸣响起来，亲友们争相涌进堂屋，恭贺主家，一派喜气。

师傅下山墙后，村里的帮工、亲朋好友开始热闹地劳作起来。他们分工合作，把桁条、瓦角、瓦片搬上屋顶，按各自的位置架好、钉好、盖好，不到半天，房子的最后一道工序宣告圆满完成。

3. 新衣新箩进新居

仫佬人家进新居非常讲究。新屋落成后，必先择吉日。进新居的前一天，先请师公主持法事，举行祖宗进新居仪式。其过程如下：师公把原来香火案上香炉里的一部分香炉灰取出，放进新香炉里，新香炉底放几枚钱币，然后点燃一束香插放炉中。师公念过符咒之后，把两张沾有鸡血的纸钱贴在香炉上，最后带领主家男男女女护送香炉入新居，安在神位上。

吉日清晨，主家长者先到新居里烧一堆大火，火越燃烧得旺盛就越吉祥，预示将来六畜兴旺，五谷盈仓，财源茂盛。然后把家里的最好的东西装进新箩筐里，全家人都穿上新衣裳挑担新箩筐进新居，这样就会百事如意，万象更新。天大亮之后，亲戚朋友持“米担”、“花红”、“财礼”等前来贺喜，共同饮宴并设歌坛对歌，直闹到第二天天亮。歌声阵阵，更增添喜庆的气氛。

4. 地炉暖全家

地炉是仫佬人家特有的取暖、烧火的生活设备。

地炉制作简单，使用方便。位置大都选择在堂屋的大门左右两侧人行动较少的地方挖一个坑，用砖砌好炉底，架上炉桥，砌好炉膛。炉旁的地下安置一只水坛作为“热水坛”，坛口与地炉口平行。炉前砌一个煤坑，上面盖一块可以活动的板子，最后用泥巴填平炉子的周围，表面打上三合土，地炉就做成了。

仫佬人家的地炉一天到晚不熄火，随时都可用来煮或烧烤。炉子同时把水坛的水加热，一年四季热水不断。地炉还是“土暖气设备”和“土烧烤设备”。冬天炉火熊熊，不管屋外刮多大的北风，屋里却温暖如春，不用穿棉衣。春天湿气重，但是仫佬人家就不用担心东西发霉。夏收夏种季节若逢连天下雨，打下谷子放在室内很快就会干爽。逢年过节，亲朋欢聚，围坐在地炉边吃火锅，比神仙还舒畅。

仫佬族传统地炉　李　桐　摄

◆1.斗鸡会

◆2.凤凰护蛋

◆3.群龙争珠

第八章 愉悦的民间游艺

1. 斗鸡会

斗鸡会多在秋后和春节期间进行。斗鸡的关键就是要寻觅和喂养好的斗鸡，这样才有可能在斗鸡盛会里获得胜利。斗鸡的鸡以公鸡为上，因此，仫佬人特别喜欢饲养公鸡。为了寻觅一只上等公鸡，往往跋山涉水千辛万苦到邻近的宜州、柳城、融水等县去选购。每到一处，如果发现良种鸡，便同鸡主协商，把自己带来的公鸡与之相斗，如果卖主的鸡赢了，便以高出市价数倍买下；如果买主的鸡赢了，由卖主把鸡另卖给别人。买到良种公鸡之后，买主便把自己的鸡卖掉或杀吃。这样一路选一路斗，直到选到满意的公鸡为止。

斗鸡的良种选择条件为：体重三斤以上，毛干嘴勾，双翅交叉，眼小脚高，上冠结实，个头高大、结实。

斗鸡的饲养方法是：除喂普通饲料外，还必须经常喂生鸡蛋拌米和细糠、猪肉等食物。喂养过程中，经常用一只手摸鸡头和鸡嘴，一只手捧着鸡胸部，让斗鸡在生人面前进食。

斗鸡场设在较为开阔的地方，用竹子编织成竹栅，在场地中围上一个三到

仫佬族斗鸡　张琪琪　摄

五米直径的斗笼。斗笼外放一张桌子用于记分。另外，放一只桶并盛上适量的水，桶下边放一只有刻度的玻璃容器接水。另一只桶盛水，桶内放一个竹筒，竹筒下边穿一只小孔，作“计水”（以水计时）之用。

斗鸡那天，人们提的提，挑的挑，将斗鸡从四面八方运集到斗鸡场。

斗鸡开始前，选出四位裁判：一人计“积分水”和“横身水”，一人计“游笼水”，一人记分，一人报斗情。

斗鸡比赛的规则是：顺序从小到大，按鸡的斤两排等次。斗鸡开始时，让水慢慢滴进玻璃器里。如果两鸡相斗，其中一只先退，双方都不相斗，不能马上断定输赢，这算是违例，要停止放水，称为停放“横身水”。如有两次停放“横身水”就被取消比赛资格。如果两只相斗，一只先行退却，另一只继续追斗，就放“游笼水”，即用竹笼打水，让水从小孔里流出，流完为止。如果两筒“游笼水”抽过之后，退却者仍不还击，即判为输。这时，将斗败的鸡拿走，留下斗胜的与下一只公鸡斗。每斗一局计“一次水”，所有的鸡都斗过之后，以“水”最多者为胜。斗鸡会发六个奖，称为头笼、二笼、三笼、四笼、五笼、结笼。

获头笼奖的，是全村的光荣，父老乡亲们敲锣打鼓，放鞭炮上门庆贺。

2. 凤凰护蛋

凤凰护蛋是仫佬族儿童游戏，其来由有个古老的传说。

在很久很久以前，仫佬山乡飞来一只金凤凰。不久，凤凰生下了一只蛋。从此，凤凰的祥气给仫佬山乡带来了美好的生活，田肥谷香，岭绿树茂，仫佬人家出了许许多多的文武官员。有一天，老天爷晓得了这件事情，他妒忌仫佬山乡胜似天堂，仫佬能人多过天神天将。于是，他发下十万天兵，到仫佬山乡捉凤凰，捣烂凤凰蛋。为了让仫佬山乡幸福永存，凤凰同天兵天将进行了殊死的搏斗。在搏斗的过程中，凤凰分心护蛋，不幸被暗箭射中，化为凤凰山，那只凤凰蛋也就成了山前的哆嗦岭。

为了纪念金凤凰，感谢她给仫佬山乡带来的幸福，村村寨寨的少年儿童便开展“凤凰护蛋”的活动。其玩法是：选择一块稍平一点的场地，在地上画一个圆圈做“凤凰窝”，窝内放几块石头做“凤凰蛋”。每组六人，一个扮凤凰，五人扮天兵天将。凤凰双手撑地护蛋，左脚着地成俯卧姿势。天兵天将取蛋时，凡被凤凰右脚触中，就算战死，被取消夺蛋的资格。五分钟内以能否夺完所有的蛋来判决胜负。少年儿童们非常喜欢这种活动。

仫佬族竹球　张琪琪　摄

3. 群龙争珠

群龙争珠是仫佬族青年的水上运动。每当夏季来临，青年们都要选择一些农活不忙、阳光灿烂的日子，拿出本地产的水果，来到河边或水库边，举行群龙争珠竞技会。他们往水里投放一定数量的水果，然后把人分成两组，潜入水中将果摸上来。在规定的时间内以摸得水果数量最多者为胜者，奖品就是水果。负方罚游水、潜水，直到无力再游水、潜水为止。

群龙争珠的由来，也有个故事：

从前，凤立村前是一片无边无际的良田。有一天，巨雷劈开了地下河口，洪水喷涌而出，淹没了良田，仫佬山乡发生了巨大的灾难。大家躲到凤凰山上，人们失望了，扎起木排，准备离乡逃荒。就在这时，潘氏兄弟站出来了。兄弟俩大声地对乡亲们说："莫走，莫悲伤！我们不怕苦和死，一定要把水堵住！"接着，兄弟俩抬来一只九千九百九十九斤的大铁锅，潜入水底，用大铁锅罩住地下河口，再用巨石压上。经过四十九天连续在水底奋战，终于将激流堵住，只留一小股水流淌出来灌溉农田。从那时候起仫佬山乡为了免除了洪水的灾难，开始流行群龙争珠的潜水比赛。

广西地处祖国南疆，濒临北部湾，自古以来，这里就是多民族聚居的地区，壮族、汉族和其他兄弟民族共同创造了悠久灿烂的历史，拥有绚丽多姿的民族风情。

出版本丛书的初衷，就是立足于广西丰富的民族历史文化和风土民情，以通俗易懂的文字、直观生动的图片编写一套展示广西多姿多彩民俗风情的图书，以促进各民族间的相互来往、互相尊重，同时为民俗学者提供鲜活的研究资料，且有利于各级领导在充分了解民族习惯的基础上，以少数民族群众容易接受的方式宣传党和政府的大政方针，指导经济、政治、文化、社会建设，使读者在愉快的阅读中感受八桂大地世世代代发扬和传承的民间民俗文化和广西各族人民的民族性格，民族精神，民族的真、善、美。

该丛书的出版得到了广西壮族自治区新闻出版局以及广西区内长期从事民俗文化教学、研究工作的专家学者们的关心和支持。丛书主编，广西新闻出版局党组副书记、副局长于瑮教授为丛书制定了指导思路，确立了编写大纲；广西壮族自治区民族事务委员会组织专家对书稿的政治性、民族性进行了审定；在图片征集过程中，得到了广西民俗摄影家协会唐建强会长、江晓东秘书长，隆林各族自治县县委宣传部，环江毛南族自治县民俗摄影家协会，东兰县民俗摄影家协会，广西著名摄影家李桐、余亚万、张小宁等诸位老师、前辈以及相关少数民族网站的热情支持，在此，谨致以我们诚挚的谢意！书中未署名的图片，多由著者、编著者提供，图片说明中不再赘列，少部分图片因时间关系未能及时联系到拍摄者，深表歉意，敬请相关作者见书后与编辑部联系，以便奉寄稿费。

今虽付梓，然因出版时间紧迫、编者水平有限，纰漏之处在所难免，诚望读者不吝赐教，以便今后再修订时正误补遗。

编　者

图书在版编目（CIP）数据

仫佬族民俗风情 / 过伟著. — 2版. — 南宁：广西民族出版社，2012. 7
（广西民族风情典录丛书 / 于璎主编；8）
ISBN 978-7-5363-6413-4

Ⅰ. ①仫… Ⅱ. ①过… Ⅲ. ①仫佬族-少数民族风俗习惯-广西 Ⅳ. ①K892.375

中国版本图书馆CIP数据核字（2012）第137321号

广西民族风情典录丛书

仫佬族民俗风情

MULAOZU MINSU FENGQING

主编◆于 璎 副主编◆向润华 王光荣 过 伟 著

出版发行 广西民族出版社（地址:南宁市桂春路3号 邮政编码:530028）
发行电话 (0771) 5523216 5523226 传 真:(0771) 5523246
E-mail CR@gxmzbook.cn
责任编辑 黄 丹 黄迎春
装帧设计 璞 闾
美术制作 陈 卓·汉诺设计
责任印制 蓝剑风
印 刷 广西万泰印务有限公司
规 格 787毫米×1092毫米 1/16
字 数 148千字
印 张 9.25
版 次 2012年7月第2版
印 次 2012年7月第1次印刷

ISBN 978-7-5363-6413-4/K·140 定价：36.00元